U0037890

真實如來藏

——平實導師 著——

ISBN 957-97840-3-5

真唯識量

一切唯識：識言總顯一切有情各有八識、六位心所、所變相見分位差別，及彼空理所顯真如。

——大唐三藏法師　玄奘菩薩——

非不見真如，
而能了諸行，
皆如幻事等，
雖有而非真。

——契經——

此諸法勝義
亦卽是真如
常如其性故
卽唯識實性

——天竺 世親菩薩——

於未來世有　謗於我法輪
身披於袈裟　說有無諸法
說無真如我　惟是虛妄說
作比丘業者　不應共和合
是人立有無　墮於二朋黨
破壞諸佛法　彼不住我法

說無真我者　謗法著有無
比丘應羯磨　擯棄不共語
說真我熾然　猶如劫火起
燒無我稠林　離諸外道過

真實如來藏 序

學佛以來，每見佛子隨同信仰一神教之佛學研究者云：「如來藏思想非佛説」，以此觀點而推翻大乘唯識—如來藏系經典。更有甚者，身為佛教大法師及弘揚佛法之居士，竟認同一神教徒之佛學研究結論，派遣弟子出國留學，以彼為師而研究佛學，懷疑如來藏思想，進而否定或批判如來藏思想；乃至著書立説，鼓吹「如來藏思想非佛説」之歪理，此類行為無異砍伐佛法大樹之根本。

如來藏思想乃三乘佛法及世間一切法之根本，捨如來藏之根本，則一神教之一切法及世間諸法，乃至三乘佛法之莖幹枝葉花果，皆無所附麗，全盤瓦解，則佛法變成佛學。

佛學乃世間學問，正可歸類於東方哲學之內。此則深符研究佛學之一神教徒本心。彼等藉此成為佛學專家，可提升其在一神教徒所統治世界中之身份地位而獲名聞利養；亦可貶抑佛法之偉大深奧，爭取一神教於未來一、二百年間苟延殘喘之生存空間。佛子不察，落此窠臼者不少，其中不乏一時俊彥，隨外道破佛説法而起舞，斲喪佛法大樹之根本。此乃佛教之悲哀，亦是末法衆生少福之證驗。

佛學研究者未必是佛法之信仰者，更未必是佛法之實踐者，佛子閱其著作時，務必多所保留。以檢查探討之心態讀之則可，以之修學佛法則萬萬不可。譬如研究唯識之專家學者甚多，然多非實踐者，以其研究學問之結果而著作唯識學之書籍；以非親證故，無有證量，用彼思惟所得而說，錯誤甚多。唯有考據部份略可讀之，然讀此無益佛法之修證，反將因之削減對於佛法之信心，並誤導佛法修證之方向。故佛子閱讀諸方知識之著作時，應有揀擇，不可迷信名聲、權威、世俗身份地位等，免因彼等之誤導而入歧途。

佛學研究者迅速成名之道無他，唯特立獨行、敢作敢為爾。若能選取一部如來藏系經典，加以考據，說為佛滅後出現之偽經—是後人所造；則此佛學研究者必定立刻成為風雲人物，一舉成名，利養隨之而來，風光一生。此等人絕不在意來世之果報，身壞命終時業報方現前故，造業之時業報猶未現前故，不信有謗法因果。若能一舉成名天下知，立刻享受世間之名聞利養，不計死後有無果報，此乃愚痴人也。

然更有愚痴者，謂隨其錯誤思想而加以引述弘傳之佛子。名聞利養早歸否定佛經之外道得，佛子引述傳播其謗正法之思想，現生不得名聞利養，死後卻得謗法重報，無乃愚痴中最。

佛學研究者每喜以佛經出現之時間，作為考證佛經真偽之依據。殊不知佛經三大藏，有說於人間者，有說於龍宮者，有說於四王天者，有說於忉利天者……乃至有說於色究竟天宮者。若有菩薩具大神通，能至龍宮乃至他化自在天宮，閱讀現存之佛經；若有菩薩修入初地以上，乃至能到色究竟天宮面見釋迦牟尼佛之莊嚴報身—盧舍那佛，親隨受法。此等菩薩返回人間，便將其所閱所聞，依宿命智通，一字不漏而筆記之，何得謂非佛說？

大藏經所錄佛經有真有偽，非真悟者不能知之。譬如《佛說八陽神咒經》是真，《佛說天地八陽神咒經》是偽。又如續藏之《佛說無量壽佛名號利益大事因緣經》亦是偽經，違佛所說理故。猶如諸宗部所載禪宗諸祖有真悟者，有錯悟者。大正藏所載日本道元禪學之主角—道元禪師，是否證悟，仍有疑義。近人傅偉勳研究道元禪學，著有《道元》一書，摘錄其悟道後之最精彩開示，加以翻譯。但末學認為彼諸開示仍未能證明其已證悟，盼有精通日語者，將大正藏八二冊一至三〇九頁之道元禪師全部開示著述譯為中文，方能判定。不應以其為道元禪學之主角，便判定其為證悟者。

對於佛經亦復如是，不應依其出現時間之早晚而斷定真偽，應依其內容是否符合佛意而判真偽。今觀如來藏系等唯識經典，不唯符合原始佛教阿含四部，亦乃成就阿含四部，使阿含四部佛說聲聞、緣覺諸法，立於不敗之地，一切外道、人、天等所不能壞。

然大乘唯識—如來藏系經典，甚深極甚深，非聲聞阿羅漢及緣覺辟支佛之所能知。菩薩初悟（頓悟）後猶未能知，須頓悟後方能入漸悟菩薩位，以其所悟之如來藏為基礎而隨佛（或佛說唯識如來藏系經典）修學，方能漸悟漸深。非未頓悟之人讀之能得漸悟，非一般唯識學研究者之能漸悟，非錯悟之佛子而能漸悟，更非信仰一神教或不信佛之佛學佛經考證者所能漸悟。

唯有真正頓悟之佛子，能以其所悟之如來藏總相，而漸悟如來藏系唯識經典所說如來藏體用之各種別相，並加以體驗。故如來藏系之唯識經典是真非假，一切真悟之人皆知其真實。唯有未悟及錯悟之人說之為假，便將如來藏系等唯識經典列入東方哲學範疇，成為世間學問，唯能作為國際佛學會議之素材、博取世間名聞恭敬之資料。彼等所說所著，每貽笑於證道者，何益於解脫乎？

民初有大師主張「人生佛教」，畢生提倡人生佛教，此乃正辦。此十餘年來則有大師主張「人間佛教」；愚意以為：若欲將佛教廣為弘傳，使其久住人間則可。若將佛教侷限於人間，則萬萬不可。佛教若侷限於人間，則不如一神教之有天堂，則淨土一宗亦將殄滅。故人間佛教之說，難免自我侷限之慮。

阿含四部，處處說有天人常來禮佛學法；而人間有地上菩薩，能現莊嚴報身，面謁報身佛於諸天天宮，何得侷限佛教於人間？自古至今，有明顯瑞相可證實往生西方安養世界者，其數甚多，何得將佛教侷限於此娑婆銀河系中？故人間佛教之說，乃是管窺蠡測，難逃管豹唯見一斑之譏。

三界唯心，萬法唯識。世界之所以出現成、住、壞、空之現象而不斷輪替重複，皆因有緣衆生之如來藏中蘊含之共業所感；唯衆生真心中之不可知執受所共成，非自然有，非某神所造。三界中一切法之生、住、異、滅，皆因如來藏—阿賴耶識，經由其相分及見分（七轉識）而顯現。然七轉識見分之運作，不能離於如來藏阿賴耶識之外相分及內相分，離此則七識見分無能運作，則吾人能知能覺之心無能運作，故云法相唯識——一切法皆不離一至八識。

一切證悟者（錯悟者除外）皆能以其證悟之如來藏阿賴耶識、及其所生七轉識，而證驗「三界唯心，萬法唯識」之理。此非未悟及錯悟佛子之所能知，更非信仰一神教及不信佛之佛學研究學者所能知，故玄奘大師於長安城門高懸四字：「真唯識量」，不但窮其一生，乃至如今，無人能破。

「真唯識量」即是「真如來藏量及真真如量」，古來禪宗一般證悟之禪師，猶未能知「真唯識量」四字內涵，何況古今錯悟之禪師及未悟之凡夫？故藥山惟儼禪師等人，悟後猛讀經典，其故在此。

然禪宗祖師之證悟者，每多因悟生慢，排斥唯識學，乃因誤解唯識學所致。亦因如來藏系唯識經典甚深難解，真悟者欲求融會貫通亦非易事，故禪師們大多望崖而退。此非佛子之過，實因真正的證悟極為不易，證悟後欲求貫通如來藏系唯識經論，又復倍難。苟無多劫所修善根信根福德因緣，則不能遇宗教俱通、定慧等持之真善知識，欲通達唯識如來藏系經典，誠非易事。

證悟後，未先融會貫通如來藏系唯識經典之人，欲探究《成唯識論》而解其真意者，絕無可能，何況錯悟及未悟之佛學研究者？故瑜伽宗自玄奘大師創立之後，唯有窺基大師闡揚，數代便亡。然此非二大師之過，實因《成唯識論》陳義極高，證悟之人尚難通達，何況未悟及錯悟之人？偏定偏慧之人亦不能通達，唯有宗教俱通而又定慧等持之人方能通達。

佛法東來，分為八宗，此八宗皆是佛法，不應分門別派，故末學今作此書，非專為弘揚瑜伽唯識一宗，亦乃同時護持佛法根本。實因如來藏真實非假，為末法中之廣大佛子計，不得不說，不得不作。然有許多禪師、法師、居士、佛學研究者，因未證得如來藏，而不信有如來藏，乃以如來藏系等唯識經典出現於人間之年代較晚，而斷定如來藏系經典為非佛說。則末學於此書中，不便引述唯識如來藏系等唯識經典作證，乃純以衆所公認之阿含四部、大乘般若空、及諸正理而作辨正，證明確有如來藏。

一切反對如來藏思想之凡夫，亦皆各自具足本有之如來藏；乃至一神教號稱全知全能的神，亦具有如來藏而自不知。讀者細讀本書，便知其理，無庸諍議。

末學於此書中之辨正，雖不能違背佛誡而將證量說出，然不免將證量體驗化為理論，隱其密意而作論述。證悟之人一閱即知，可使悟後之般若慧轉深；利根未悟之人，或可由此書中之蛛絲馬跡而悟入，則世間又增知音數人，無乃菩薩道中一大樂事。因名此書曰：《真實如來藏》，是為序。

菩薩戒子　蕭平實

預序於西元一九九七年仲春

再版序

《真實如來藏》初版二千冊，印行於公元一九九七年十二月，迄今二年有奇，已經售盡；如此深奧冷門之書，而能於二年四個月內售完，實屬異數。何以故？台灣本島諸多佛學出版社印行佛學書籍，多為每版一千冊，往往二年亦無法售完；而此冷門深奧之書，能有如是佳績，可見台灣佛子程度不俗，正法不虞後繼無人，令人欣慰。

茲以擬再印行之故，撿取此書重閱，發現其中仍有小瑕疵數端，應予修正改版，條列如左：

一、漏打字一處。二、應予增語表意者一處。三、有語病應修正者四處。四、錯別字十六字應修正。五、關於種智應修正者三處。六、應刪除祖師名號者一處。七、修正以往對密宗之看法者一處。八、為求節省篇幅而取消空白頁十五頁，必須調整全書頁碼。為有如是八緣，應予重新排版印行，故予改版重印。

復次，國人風俗素來不喜黑白二色，故有會外人士多人建議改易封面色調，今以重印改版故，乘便隨順眾意，更易封面色彩，亦可易於辨別初版再版，合並敘明如上。

佛子蕭平實　敬誌

公元二〇〇〇年三月序於台北喧囂居

目錄

第一章　依妄心之間斷證有如來藏

寫作此書之緣起有四：

一者不信佛之佛學研究者及一神教信仰之佛學研究者，每多主張如來藏思想非佛說，並以大乘經典出現之年代遠近而判定大乘經典非佛說，藉以毀壞佛法之根本與奧妙，並博取其個人之名聞與利養；若不加以辨正，大乘宗門正法將提早滅絕失傳。

二者某些未見道之大法師及某些弘法之居士亦附和此說，更派遣門下弟子前往國外，從彼否定如來藏思想之佛學教授受業。返國之後，變本加厲，自挖牆腳，自壞大乘教法，故須寫作此書予以辨正，庶免大乘宗門正法之根本，為彼等無智之人所毀壞。

三者未證得如來藏之某大導師之著作，其思想亦導向此一錯誤之觀點。有許多法師及居士受其影響，乃極力推崇聲聞法及緣覺法，每謂緣起性空方是究竟，唯識觀之如來藏思想非究竟。此等師徒斫喪佛法根本之惡劣影響，極為廣大深遠，若不及早導正，大乘宗門正法之根本，不久必滅。則唯識如來藏深妙正法將變成世間佛學學問，從此無人能親證如來藏，不信有如來藏故；是故必須寫作此書。

此書之寫作辨正，以不引證大乘唯識如來藏系經典為原則，純依正理證有如來藏。若有引述經文，則以《阿含四部》諸經及大乘般若空經典為主。不引述大乘唯識如來藏系諸經，彼等不信大乘唯識如來藏系諸經故，彼等主張如來藏系等唯識經典非佛所說故。

四者一九九七年春節後，密宗總持寺派傳法阿闍梨教授師圓烈法獅子—王武烈阿闍梨，亦即佛教正見學會會長王武烈大師前來聚會。席中論及美國某些著名大學之佛學教授，主張「如來藏思想非佛說」一事，末學曾就此事略加闡釋。復思佛教界十餘年來之所以會被月溪假法師之邪法誤導者，其故無他，皆因未曾親證如來藏所致。若得親證，便具見地，不被誤導。

然欲親證如來藏，須具多劫修集之善根福德莊嚴、及信力慧力莊嚴。若未具備此三瓔珞莊嚴，雖因善知識緣而親證，必不能自行整理思惟，不能發起見地，往往因假名善知識之聰明伶俐言語之否定而退轉。一旦退轉，便否定真實如來藏，棄金取銅—以妄心為真心。邪見成就邪見業，否定正法時，猶以為是護持正法，地獄業成就。

以此四緣，乃先造《真假開悟之簡易辨正法》短文，以應《正法眼藏—護法集》出版後諸方老宿之邀辯。復於社團法人台北市佛教正覺同修會成立大會上，以《佛子之省思》短文一篇，作為書面致詞。隨後將此二文併刊為小冊，廣贈諸方。

然此小冊僅能警覺諸方，猶未能說服諸方信受如來藏思想，乃寫作此書，條分縷析，期能導正邪見，令彼棄捨謗法之地獄業，幡然改正，護持真正的大乘宗門正法—如來藏思想—

八識心王及諸心所法等唯識正觀。則佛教根本正法得以久住世間，末法佛子亦得以之對抗邪說，遠離破壞正法等地獄業。是為本書著作之緣起。

一切有情皆有見聞覺知之心，此心即是唯識學所說之六轉識──眼識及耳鼻舌身意識。此六識運作之時，須前識種子滅，後識種子繼之而起，不斷生滅，方能有用。譬如電影，必須前一格畫片過去，後一格畫片繼之而起，不斷移換，方能起電影之作用。

六轉識所成之見聞覺知心亦復如是，必須前一刹那心種子過去，下一刹那心種子緊接其位而顯現，不斷地轉換變易，方能成就見聞覺知之分別功能。若停住於其中之一刹那心，即成入定，無所覺知，名為未到地定過暗。若定中仍有覺知，即表示意識心未停住，其種子仍在刹那刹那轉移變易中，故能有知。

是故定中能知之心乃是變易生滅心，故名轉識。有知即有分別，非無分別；有覺有觀即有分別，非無分別。分別作用乃因知的現象繼續不斷而來。能知之心綿延不斷，即顯示意識種子前後轉易，相續不斷，故名轉識。

坐禪進入無見聞覺知狀態，乃是未到定過暗，不能發起初禪地五支功德，更不能見道，乃是意識境界。設使修得非想非非想定，遠離初禪及欲界覺觀而名無覺無觀（無尋無伺）三昧，依舊不離無色界之微細尋伺境界，彌勒菩薩說此皆是「意識身相應地」。不離意識境界入出之法。

能作主之心則是意根—末那識。衆生恒審思量，處處作主，時時作主。餓了決定吃飯，飯吃膩了決定吃麵。身體癢時決定用手去抓，睡飽了決定起床，進入定中住煩了決定出定，……。凡此種種皆因能知之六轉識覺觀以後，了知餓，膩、癢、煩……等等，而由意根末那識決定要吃飯或出定。

末那識既能知意識之分別結果而作決定，亦必有知。然此知，衆生不知不解。末那識既有知，則必如見聞覺知等六識心，同因前後識種子之剎那剎那轉移變易而知，故處處作主之心—意根末那識—亦是生滅變易之心。此識與前六識和合運作，似如一心。故見聞覺知心，不論定中定外皆能作主，若無善知識開示，便不能了知何者為末那。

能見是眼識，能聞是耳識，能嗅是鼻識，能嚐是舌識，知觸是身識，能知色、聲、香、味、觸之微細別相之心是意識，於此見聞覺知六塵諸法中，能時時作主、處處作主之心乃是末那識—阿含四部中說為意根。此七識合稱七轉識。一切有情於定中定外能知能覺、處處作主之心皆由此七轉識來；七轉識之能知能覺能作主等作用，皆由如來藏蘊藏之七識種子不斷現前而有。七轉識非能自己存在—不自在，依如來藏而有，故定中定外能知能覺、了了常知之心皆是虛妄心，有間斷故，非自在故。

六轉識於無想定及過暗之未到地定間斷，七轉識於滅盡定間斷。此諸妄心既斷，其作用消失，無有知覺心行，因何後來又能現起而出定？是知必有如來藏——離見聞覺知之心，於應出定時，便現六識種子，流注不斷，故起見聞覺知而出定。（然滅盡定中末那識僅斷受想，觸、作意、思心所仍在。無想定及無見聞覺知之未到地定境界，六識皆斷，末那識之五遍行心所全皆未斷。）

若無如來藏，衆生於眠熟、無想定、昏迷時，見聞覺知心間斷，因何能因外緣之色聲香味觸、或內心忽起妄想妄念而醒覺或出定？見聞覺知之六轉識斷已，無有覺知者，應不能因外緣內念而醒覺或出定。

不應言見聞覺知忽由虛空而生：虛空是常，永不變易，常無變易則無作用，無作用則不能生有情之見聞覺知心。虛空若有變易有作用，而能生有情之見聞覺知心，則虛空應老、應死、應壞。然虛空永遠不老、不死、不壞，不變易故、無作用故、非有情故，是人施設之名故。

古今中外、佛門中、外道中，皆存在「勝論外道」之思想，彼等錯執：「虛空有一勝性能量，為一切有情共有之本體，周遍十方。一切有情由虛空之勝性能量而生，隨處善惡，受諸苦樂。將來或因造惡而下地獄，或因行善而回歸虛空能量本體，合而為一。自我便因此消失，名為無我、空、不變易、常。衆生雖有種種，然本體是一，故有情妄心於眠熟、入定、昏迷時雖有間斷，因虛空之勝性能量故，亦能甦醒而憶識此生諸事諸業。」

彼執非理，所以者何？虛空能量之「我」，若常若遍、充塞虛空，則應彼能量勝性住在虛空，則應不隨身受諸苦樂。既常既遍，應無變易，無變易則無作用，應不隨身造善惡業，應無動轉，如玻璃瓶中充滿清水故。

又：一切有情若由同一虛空本體而生者，其本體同故，一人造善惡業時，應一切人、天、狗、魚、鳥……等同作相同之善惡業。

若有情之本體係同一虛空之能量，應唯有一類有情，不應有四生三有無量種類之有情。亦應一人受報時，一切人同時受苦樂報；應一人成佛時，一切人同時成佛；應一人起邪思時，一切人同起邪思；應一人見道時，一切人同時見道。

亦不應言：「虛空分成多份，其能量由衆多有情分得，故有情能各各造業受報。」虛空能量若能分割，則虛空應有變易、有增減，則虛空應忽有忽無，忽多忽少；則虛空應有邊際。然虛空中實無能量，亦不可分割，無邊無際。

虛空中星球之引力，地水火風之能量，星團成、住、壞、空之鉅大能量，實由無量數有情如來藏中蘊含之共業能力所形成，非由虛空所成，虛空是非情故，虛空無實體故，乃人所安立名詞而已。

若言「本體是虛空，無形無色故，互能相雜相入，故各自有其遍滿虛空之本體，各皆周遍十方，不須有各別獨立而各住身中之如來藏。」則諸有情各皆遍滿虛空之本體相雜相入，應合為一，不應言各異。

若言各異而皆遍滿虛空、充塞宇宙，則任一有情作業或受果時，應名為一切本體同作同受，所有有情之本體處所皆同一處，無差別故。則一有情犯罪受死者，一切有情應同時受死。

若謂作受各有所屬，非干他人，理亦不然。業果及身，與遍滿虛空之一切本體相合相入，應是一切遍滿虛空之本體所作；則作業者即是一切人，一切人即是作業者，故應同時生、同時死、同時作業、同時受報。則一人解脫時，應一切人同皆解脫。

又：虛空無知，無有勝用，亦無能量，虛空是純無為，不能生一切作用。因人施設，名虛空無為，非實有法。虛空是常，永不變易，前後無異，故不能生有情身心。虛空若能生有情身心，則是有為，有為法必有變易，則虛空應非常，將來必壞。

又：體不離用，用不離體。本體既在虛空，則有情五蘊應無作為、無作用。若遍滿虛空之能量本體在汝身中，應非遍滿十方虛空；亦應唯汝能有作為，其餘有情皆同死屍。若言「我睡時虛空能量本體遍滿十方虛空，醒時在我身中。」則虛空能量本體是有來去，有來去者是變易法，是有為法，則虛空能量本體應有生滅、增減，將來應壞，應是無常。亦應十方有情唯有一人醒，餘人皆不能醒，虛空能量在汝身中故，虛空本體不可分割故。

若言有情生命之本體非遍滿十方虛空，非充塞宇宙一切空間，則應一一有情皆各自有其「唯我獨尊」之如來藏，各各住於身中隨業受報。故能知能覺之妄心因入定熟眠而間斷時，各各皆能遇緣對境或因有漏法種現行而出定甦醒。出定甦醒後，各能憶識其所修學造作諸業及其眷屬。故由能知能覺妄心之間斷，能證有一離見聞覺知之如來藏，各住一一有情身中，能知能覺之心斷已，不能自起故。

復有信仰一神教之佛學研究者，欲藉研究佛學而改進其教義。然因不能證得如來藏故，不信有如來藏，乃思欲推翻如來藏思想，使佛說深奧微妙之如來藏妙法失傳。便散布「如來藏思想非佛說」之歪理，若能成功，則以後無人願修學如來藏一切種智妙法，佛教便漸趨淺化。則一神教教義經過吸收佛法道理，予以改進後，其教義便可與淺化後之佛教並駕齊驅、相提並論。

殊不知如來藏思想若滅，則不唯佛教三乘法滅，一神教、多神教之思想亦滅，乃至世間一切法亦皆歸於幻滅；世出世間一切法皆依如來藏而有故。然如來藏真實存在故，即使此思想被否定而消滅，然有情各自本有之如來藏，仍將繼續存在，繼續運作。以一切有情各自本有之如來藏永不壞滅故，未來仍將有佛繼續出現於世，能於未來世中一念相應時，證得如來藏故。

一神教外道執著有一大自在天，其體如虛空，遍一切處，常而不變，能生一切有情世間諸物。一切世間由此一因而有，名一因論。

彼執非理。若此遍一切處猶如虛空之大自在天能生世間及一切有情，則彼大自在天是能生之法。能生之法必有變易，有變易則非常非遍，非常非遍即非真實，則此大自在天乃是有為有生滅者，將來不免變異老死。

又此一神教之大自在天，其體既常，應不變易。若不變易則不能對其信徒有諸示現，若有示現則有變易，則是非常非遍，將來應壞、應有老死。

又一神教之大自在天，其體既常、遍，而又具諸功能，則應於一時間、遍一切處頓生一切法，不應於七天之久才能創造世間及諸草木有情。亦不應只造平面世界，應造圓形之地球世間，亦應遍十方虛空同時造一切世間及諸有情。

若體常、遍，應不待欲待緣，即能頓生一切法，若須待彼大自在天欲造世間之「欲」現起，方造世間；或待他緣方起「欲」，而造世間及諸有情者，則彼大自在天乃相對及待緣而生，則非全能，乃是因緣所生法，則違彼等主張之一因論。

又：大自在天體若常遍，其欲及緣亦應一切時一切處頓起，彼大自在天之因是常而不斷，遍一切處常有常在故。然欲及緣非能一切時一切處頓起，以此可知近代一神教之立義同於勝論外道，唯以大自在天神之名而區別。以此可知彼神乃人所創造，故彼等經中所立宗旨矛盾百出。

復有外國來的某一女人，自稱無上師，以聲論外道之法，冠以佛教名詞，曰「觀音法門」。此女早期猶未脫卻佛門袈裟之時，我已斥其為外道，然有許多佛子不信，反責我為「誹謗僧寶」。無智佛子隨其修學聲論外道法者多有其人，迷於出家表相，不知警覺。待其脫卻袈裟，方有少數佛子警覺而離開，但仍有許多不明究裡之人隨從。

此女及其信徒，皆欲向聲中求取解脫真常，殊不知身心內外一切聲，皆因緣所生。若離如來藏及其所現內外相分，便無一切聲。一切聲皆由如來藏及其內相分為因，配合外相分及五勝義根為緣所生，非是中道。然如來藏雖生一切聲，卻不在聲中。於內外身心一切聲中欲覓真心而悟者，唯有驢年到來，方可得悟。故其所謂明心見性之法，不離境界入出之法，不離意識覺知境界，皆屬境界分段之外道法。此聲論外道所證之法，乃是生滅變易之法，亦同前破，不另贅述。

綜此即知一神教外道所奉之常、遍、自在之神，乃人所創造；聲論外道所謂不滅之本體，乃五蘊及因、緣而有，皆非真實常。或墮空無之想像、或墮因緣所生能知能覺心中。然有情於定中或定外之知覺心，是妄非真，於眠熟、昏迷、無想定、滅盡定、死亡時，皆必間斷；然後時又復能起，則必有能起之因，此因即是如來藏也。

若執覺知心是真，不許另有如來藏執持知覺心之等流種，則應今日知覺心眠熟斷已，明日不再有知覺心現起。若能再現，即成無因而現。身如段肉，不能復生知覺心故。若不許有如來藏持知覺心等流種，而知覺心能因色身而於明日自起，則應色身健康而壽盡死亡之人，死已復能醒覺，不應眠熟而亡。故知色身不能自生知覺心，唯有不曾間斷、常住身中而無知覺之如來藏，執持昨日前世之知覺心等流種，方能於今日今生再現知覺心。

知覺心及定中能知之心，既唯一日一生，不能持種往至明日來世，若復不許有如來藏持知覺心之等流種，則應世間斷見論者立義成就。然斷見論者立義實不成就。所以者何？若人無過去現在未來三世者，若有情無持種心由過去世來至今生者，應一切有情生而同類、同種、同身、同性、同報、同一容貌……。而實見世間有情正依二報各各不同，故知於覺知心外必有另一能持種心，由過去世持種來至此生，由昨日持種來至今日。此能持種之非見聞覺知心即是如來藏。

第二章　依有情能憶念之有記心證有如來藏

不論定中定外之見聞覺知心皆是虛妄心，妄心僅一生而已。妄心及受想行蘊，經由色身所造一切善惡有記業，皆由如來藏記錄保存，非由妄心自記自存。若由妄心自記自存者，一切有情皆將選擇善業善行記錄保存，則明日醒來，應不再記憶昨日所造惡業，然實能記能憶。

若由妄心記存業行，則昨日所受創傷痛苦，不欲記憶之事，應不記存；明日醒來應皆遺忘，不再痛苦。然明日醒來之後，心中傷痛依舊，又復憶起傷心往事，再受痛苦。故知見聞覺知心之外，另有一非見聞覺知之心，無所選擇地記錄保存一切業行，當知此心即是如來藏。

若無如來藏，今日所行善業，睡後妄心間斷，不能明記受持，應當遺失，明日醒來應不憶起，因何醒來能憶昨日之事？明日所行惡業，後日亦復能憶。妄心間斷，非能憶存者，若無如來藏記存，因何妄心能憶往昔諸善惡業事？

若無如來藏，今日昨日、今年去年、年少年青年壯年老等一切時所修聖道，悉皆無有記錄，次日即忘，則修道無用，世間應無三乘聖人。

若無如來藏記錄業行，一切有情於次日睡醒，應皆不識同住之眷屬，則世間一切法悉皆大亂。所以者何？一切人學書畫琴棋禮樂及一切資生之技藝等世間法，皆由妄心學習，睡已妄心間斷，不復記憶一切所學，不能將所學持往明日。若無如來藏記錄保存，明日醒來皆應忘失，一切所學，唐捐其功。

亦應一切人於明日醒來，都不憶識父母配偶子女師長，皆須每日早晨重新認識，再共同生活。亦應每日重新學習父母配偶子女師長等名詞之意義，並重新認識各人姓名。然一切人乃至貓狗魚鳥，皆能於睡醒時各自憶念眷屬及一切事。故知除此能知能覺之心以外，另有一離見聞覺知之心，於見聞覺知心間斷以後，憶持諸法往至明日明年等，而為見聞覺知心所用，此能憶持之心即是如來藏。

此如來藏本體永無生滅，而其內涵之異熟及等流種子不停地生滅變易。此心不對六塵起見聞覺知作用，而能了知一切有情心之所欲所惡，隨緣而應，故亦非無作用。而其習氣不因知覺心習氣之增減而變易，永遠是不分別境界之無記性，故能持種往至明日及來世。以此證知一切有情非僅見聞覺知心等，實別有憶持一切業種之如來藏，能來往三界六道，有情因其所持業種不同而各各受報，故人人生而不同，故三界六道有情各皆生而有異，由此證有如來藏。

第三章　由因果證有如來藏

如來藏非斷非常，非有變易非無變易，非有作用非無作用，無形無相，非空非有，不生不滅，與五蘊和合似一，然非一非異。故名中道。

何故非斷非常？如來藏（阿賴耶識、菴摩羅識─即異熟識）性如虛空，無形無色，其體永不壞滅，無量劫來始終自在，將來能至佛地，改名真如，永不壞滅，故名非斷。如來藏本體雖不壞滅，而有異熟性，故能世世隨業受異熟果，受異熟果便有異熟生，種子流注不斷，故有八識心王及諸心所法之運作，故非是常。

何故非空非有？如來藏有真實體性，衆生日用而不知，故名非空。如來藏雖真實有，但體如虛空，無形無相，故名非有。

何故不生不滅？如來藏本體永不壞滅，故無老死。既無死滅即無出生，故名不生不滅。如來藏不生不滅故，衆生因此有生死，如來藏若有死滅，衆生即無來世，故經云：「衆生生死者依如來藏。」

何故非有變易非無變易？如來藏本體永不轉變改易，故非有變易。於本體不變易中，內有諸善惡業有漏無漏法種生滅增滅變易，故非無變易。

何故非有作用非無作用？如來藏離見聞覺知，無分別性，故非有作用。如來藏雖離見聞覺知、無分別性，而於熟眠、悶絶昏迷、無想定、滅盡定等四位中皆能寂照不滅、任運隨緣，醒覺時亦同，故非無作用。若無作用，一切有情頓成死屍。

何故非一非異？五蘊雖因如來藏而生，然非即是如來藏，五蘊若即是如來藏者，老死之後，如來藏應壞，然實不壞，故名非一。如來藏雖非即是五蘊，然離於五蘊則不能覓得如來藏；五蘊由如來藏變現，二者和合似一，故云非異。

如來藏非斷非常，非有變易非無變易，非有作用非無作用，非空非有，不生不滅，非一非異，故名中道。以諸中道體性，故能持異熟習氣因及等流習氣因而隨之受生，故有今生之異熟果及等流果。若無中道之如來藏，則有情死後應無善染心能生三善道或三惡道；若無如來藏，則三乘聖人捨報後應無無漏心而證解脫、入涅槃，見聞覺知妄心於死後即斷滅故。既有善惡六道因果及聖人出三界之解脫因果，應知必有如來藏。

問：云何知有因果？

答：若無因果，應無三世，今生亦無。

難：一神教云：無過去世，今生身心乃神所造。有未來生，死後或入地獄，或上天堂成為神之奴僕。

答：既能由今生而入未來生，亦應能由過去世來至今生。過去世未死時名為今生，今生未出生時名為過去世之來生。既今生可以往到未來生，亦應過去世之今生可以來至過去世之來生—今生。故必有三世。

又：耶和華若能造人，亦應阿拉能造人，亦應大梵天能造人，亦應濕婆神能造人，亦應宇宙許多神皆能造人。則衆多神所造之人應互不相同，或二腳三腳四腳五腳，或二手三手四手五手，錯綜複雜，不應皆是雙手雙腳各有五個指頭，故神造人之說不可信。一切有情皆因其所造之業而隨業受生，藉六道父母為緣，由如來藏生成有根身。造人之神者如來藏也，造狗之神者如來藏也。各個有情之如來藏，各造其應受報之有根身，名為異熟果，變異而熟故。人造愚痴業，來生成為畜生，果報及時間，變異而熟，故名異熟果。

問：云何知有因果？

答：若無因果，應無三世，今生亦無。先述今生因果：一、勤勞耕作因，得豐盛收穫果。二、樂善好施因，得美好名聲果。三、無慢無惡因，得衆生敬愛果。四、不殺衆生因，得傍生愛敬果。五、剋扣父母供養，以之供養三寶為因，得父母怨恨、憎惡佛法之果。六、宣揚邪法因，得邪神邪見人相聚果。七、宣揚世尊正法因，得善神及正信佛子相聚果。八、修增上慧學因，得遠離有所得有境界法果。九、無慢法施為因，得淳善弟子相聚果。十、憍慢法施為因，得傲慢弟子相聚為果。十一、喜説他人短處為因，得他人不樂與話為果。十二、常行無根謗他為因，得衆人不信其語之果。十三、棄捨正智，以定為禪而行法施為因，得修定著魔之果。十四、無根誹謗師長為因，得弟子無根謗己之果。

三世因果：一、若無三世因果，則同父母所生子女之色身基因必皆相同，則應同性別、同色身、同面貌、同健衰、同種性、同歲數、同福報、同智愚、同喜好、同思想。然皆各得不同基因而致兄弟姊妹各不相同，皆因過去世所造因各不相同，故得果不同。二、過去世常不害衆生為因，得今生色身康健之果。三、過去世常護衆生為因，得衆生喜樂親近之果。四、過去世枉害他人致死故，得今生被冤殺之果。五、過去世常妄語故，得今生多人不信果。六、過去世常染指他人配偶故，得今生配偶外遇不斷果。七、過去世布施衆生後，生悔恨故，得今生先富後貧果。八、過去世阻人布施，後生悔恨而樂布施，得今生先貧後富之果。九、過去世心疑正法故，得今生錯悟或永不開悟之果。十、過去世錯悟而不懺悔之因，及法施時加入外道法之因，得今生地獄果。十一、過去世錯悟，說法時以錯悟之法施衆，應入地獄，但以持戒嚴謹，不貪不慢之因，重罪輕報，得今生鬼神道正報之果。十二、過去世不說他人身行短處，不輕慢人，自省己過為因，得今生衆人愛敬之果。十三、過去世常讚嘆三寶，等視出家在家菩薩僧，於彼所說正法而不擾亂，有猶豫者悉開導之，亦不混淆他人習學正法為因，得今生超出橫難、值遇真善知識之果。十四、過去世於善知識無諂無慢、奉侍恭敬、言語柔順、常受言教為因，得今生值遇真善知識，因而見道之果。十五、過去世常求正義經典、讀誦不倦，求真善知識，聞說能解，能佐賢聖正見之行為因，得今生具足無礙辯心要總持之果。十六、過去世常念佛，常供養如來形像、讚嘆諸佛，常願生所聞佛國，常樂微妙佛陀正智，亦勸他人念佛求生淨土為因，得今生於佛國蓮花化生，常不離佛之果。十七、今生於師處證得正法而不信受，棄師叛道，否定正法為因，得來世地獄純苦報身之果。十八、過去世已發護持正法之願，於摧邪顯正事業行之不倦為因，得今生嫉邪法如仇之果。故今生雖欲隱姓埋名，專修寂滅三昧，而為願力因及習氣因所持，不得不隨順因緣而摧邪顯正，此亦因果。十九、過去多劫常樂佛慧，依真善知識，依佛所說經，不曲解經意，隨順修學等為因，得今生不落斷常空有二見，行於中道之果。二十、過去世多劫努力修除性障，性情和順，觀行清白，慧力增上，解一切衆生心而宣說正法；了知諸法本淨、不生不滅。三界有法由何起？因何滅？亦皆能知，而能以有相言語文字生滅之法，方便開導衆生而不厭倦等為因，得世尊授記及一切種智之果。

因緣果報錯綜複雜：善因惡因，善緣惡緣。善因大惡因小，善因小惡因大。善因先惡因後，善因後惡因先。或純善無惡，或純惡無善。善因而遇善緣，善因而遇惡緣。惡因而遇善緣，惡因又遇惡緣。善因大惡緣小，善因大惡緣大。惡因大善緣小，惡因大善緣大。……等種種不同。或所造善因惡因已經多劫，不同於所造善因惡因近在十百千生之內。或所造惡因已經多世懺悔迴向而漸漸消亡，或不生懺悔，反而世世增益習氣。或所造善因，不執著受福報，世世增益，迴向菩提。或每造善因即執著福報，不能迴向菩提，貪受外緣五欲之樂而享盡。其間錯綜複雜，唯佛方能盡知，何得謂無三世因果？何得謂無今世因果？

又：古今中外，每有五、六歲小兒，具宿命通，能偕其父母往至前世所住家庭，認其眷屬，並取其珍愛秘藏之物，何得謂無三世因果？

既有三世因果，而見聞覺知之有間斷妄心，既不能由此世而至來世，則今生所造一切業行所形成之異熟果種及等流習氣種，必有另一非見聞覺知之心執持往至來世，此心即是如來藏也。若無此心，則無三世因果，亦無現世因果，今日所學，明日不能憶持故。

問：世見有造惡之人，而不見其有報，云何因果之說而能成立？

答：非不受報，時未至耳。每見有人埋怨：彼人多造惡行，迄無業報現前，天無眼哉！不數日，彼惡人已被殺埋屍，竟不能查明係何人所殺。

然世間一切善惡行，非皆是果，亦有彼善惡行是因者。亦多有臨時起意而謀財害命者，彼被害人於過去世未曾負欠彼加害人，則此惡行是因，加害人現世須受法律制裁之外，來世尚須將所奪命財，加計孳息償還被害人，故不應認為一切被害人皆是前世負欠他人，所以被害。此事因果之判定，須依宿命通判定。

然宿命通之判定，亦非絶對準確。譬如有被害人於十生前負欠加害人，而彼具宿命通之人僅能觀察前三世，所判即非正確。亦有所造善業遠在八萬大劫之前，大阿羅漢之宿命通所不能知，唯佛知之，遂令彼人出家，得證四果。是故今生所見一切衆生業行，非皆是果報。有今世所造是業因，須於來世受果者；亦有過去世所造業因，今生受果報者。其間是非恩怨，唯佛乃能盡知，不可謂無因無果。

又因果大多於捨報後現，雖於現世已受法律制裁，仍須來世親於被害人處受報。譬如心地殘酷狠毒，故意致人於死，今生被判死刑，處死後復入地獄受苦。苦報償盡，輾轉於畜生、餓鬼道後方生人間。生人間已，緣熟之時仍須因意外而枉死於過去世被害人之手，果報方盡，不可謂無果報。

布施之福報亦在來生，緣熟方報。阿含《毘耶娑問經》卷上世尊云：「如是施報不離施主，未熟不受；命行不盡，不得施報。譬如尼拘陀子，其子微細，種之在地則不可見，至樹生時方乃可見。施主施福亦復如是，和合熟時乃得果報。」須尼拘陀樹種子消失，新樹方現；施報亦然，須今生五蘊消失，來生五蘊現前方報。

現世及三世因果既有，則必有如來藏真實心。見聞覺知等六識心有間斷故，不能由今日去至明日故，不能由過去世來至今生故，不能由今生往至未來生故。末那識（意根）雖能由過去世來到今生，復能往至未來生，然不能執持異熟果種及等流果種，故定別有如來藏執持業種，而使有情於未來世中，因其所造諸業因種而受苦樂報或解脫報。

若無如來藏者，一切染淨因果皆不能成立。基督徒、回教徒、多神信仰者等，每日虔誠禮拜及行善，皆必唐捐其功，不能生天堂。造惡者除受法律制裁外，亦將無來生之惡報。何以故？能知能覺之心不能持善惡業種往至未來世故；有間斷故，尚不能延續至明日，何況未來世？故知必有如來藏能持業種往至來生。

現世因果，得以譬喻善巧說明，衆信其有。三世因果則有多人懷疑；今生不能親見，須待死後緣熟乃現故。今以現世因果即足以證實有如來藏也。

第四章　依六道輪迴證有如來藏

有情衆生之能知能覺妄心有二種體性：

一、六轉識係有覆有記性；所為善惡業之運作，皆由六識思惟六塵所起，欣樂厭苦，分別苦樂而起諸心行，故能知應喜應樂、應憎應愛、應行善應造惡、乃至應睡眠等，是有覆有記性。

二、末那識妄心，恆內執我，是有覆無記性；因觸五根五識所對五塵境而生意識，與意識同起心行，能因意識之分別而自思量決定造惡行善等。此心雖不緣過去未來，恆緣現境，但恆內執我而造諸善不善業，處處作主、時時作主，睡熟及夢中皆亦如是，故是有覆性。有覆者，覆蔽真實如來藏心，障礙聖道現前。

此七轉識之前五—眼耳鼻舌身識，其體性、境界、現量，皆通三性—謂善、惡、無記性。意識為有覆有記性，衆生之見聞覺知心及定中之覺知心，乃至四禪八定之根本定中微細觀心，皆是有覆有記性，故皆有分別。是故外道修定而得非非想定者雖多，無有一人能出三界；以不見道，不知非非想定之心依舊是意識心故，彌勒菩薩說此乃「意識相應地」。

衆生不能解了「知即分別」，故有許多大師錯認「無思惟時之靈知或明覺心為無分別心」，亦有大師錯認「定中微細之寂照能知心為無分別心」，便執此心非從緣有，以為此心能由過去世來至今生，誤以為此心能由今生往至來世。

若此心能由過去世來至今生，則一切有情應皆能憶過去無量生事；猶如吾人懂事後，搬家多次，一一能記。然有情所有「定中能知之心及無思惟時之明覺靈知心」多不能自憶宿命，故知能知能覺之心唯一世耳。

不論定中或定外之能知心，一旦有知，即有分別，分別心即非真心如來藏。若人於此有疑，質問於我，我能當場實驗，使其自行體驗「知即分別」之理，使彼心服口服。若此能知之心（不論定中、定外、死後中陰之能知心）能至未來世，則一切有情應皆能憶無量世之宿命，而實不能，故知此心非真。

能知之心能緣現在、過去、未來境。彌勒菩薩說意識與欲、勝解、念相應。欲者於現在及未來之所樂境有希望故。勝解者於現在決定境能印證執持故。念者於過去曾習境，令心明記不忘。能知之心是意識心，既能緣此生之過去、現在、未來境，因何不能緣過去世之一切境？既不能緣過去世之境，亦定不能緣未來生之境，故知此心不能由過去世來至今生，亦不能往至未來世。

此能知之心若能往至未來世，則一切人皆願生天界，不樂餘五道，應無餘五道有情。此能知之心，有分別性，有揀擇性故。若此心不通三世，而世間現有六道有情，應知定有另一無分別性之如來藏，能持一切善惡業種及等流習氣種而三世輪轉。

質疑：六轉識之見聞覺知妄心，既不能流轉三世，然末那識無始劫來不曾間斷，能流轉三世，云何必須有如來藏方能流轉三世？

答：末那心恒審思量，行相微細，唯證悟如來藏者方能體驗其身中之末那識（今讀者讀此書後亦能了知，不必悟後），然末那識乃有覆無記性，雖能配合意識等而造善惡業，然彼自身恒緣現境現量，不念過去、不思未來，故屬無記性。末那識若離開意識思惟觀照等作用，於中陰時唯依習氣而行，雖能作主，然不能分別善惡美醜，故因業風所飄，攜同如來藏隨業受生六道。

末那識乃有覆無記性，在十八界之內，故非如來藏，佛於阿含四部中多處說為意根故。如來藏不在十八界之內，乃無覆無記性，於外六塵相分不生分別，於苦樂受不生分別，於美醜、善惡、縛脫，皆不生分別，凡於善惡業之一切運作，皆秉末那之意而為，等流業則依自身種子而為。異熟識則唯依末那識而隨業風飄轉，流轉六道，一向皆不作主，亦不分別。

若能知之心（六轉識）能至來世，則末那識依意識之分別，必不生餘五道，唯選擇天道，或唯選擇十方佛國淨土，則十方世界不應有三界六道有情，遍一切處受生。

以如來藏係無分別性，不受苦樂，無有思憶，不緣內外六塵起分別；而末那一向依習氣而行，不緣過去未來，恒緣現境，故須依能知心—意識能緣此世過去現在未來境，方能住於世間而井然有序。若在中陰身，末那因無人間之完整意識作完整之分別思惟，只能依中陰身所生之微細意識作簡單之分別判斷，因此必隨業風飄轉，輪迴六道。待出生已，意識方生，正報已成，或苦或樂，皆無能轉易也。然如來藏雖隨業生天，彼亦不受樂；雖隨業生地獄，彼亦不受苦，不受六塵境苦樂故。受苦樂者乃見聞覺知及定中能知明覺之心—意識，以及末那識也。是故，若意識等見聞覺知心能往至來生，則三界便無六道有情輪迴生死，應唯有天道受樂耳。此心不能往至來世，故知別有如來藏持諸業種，隨業受生六道；餘心間斷非常，悉不能持故。

末那在十八界內，名為意根，因如來藏而有，非能自在故，有覆性故；必須有另一無覆無記性心，方能來往三世，遍三界六道受生，當知此心即是如來藏。

第五章　依命根證有如來藏

若能知能覺之意識心是持身識，則有情衆生應睡熟即死，無心持身故。應睡熟時呼吸停止、心跳、內分泌、消化、新陳代謝，……悉皆停止而死亡，應永不醒。能知覺之意識心於眠熟後間斷，無心持身，若色身不壞而能醒來，其身應為他心所有。設有命根，應非己有，他心乘我睡時持我身故。

質疑：末那恆審思量之心永不間斷，故能持身。睡時能知之心雖斷，猶有末那心持身，故醒來時，此身仍為我有。

答：一、末那識是見分之自證分，乃造業者，故不能持身。彼心須對如來藏所現相分方能運作，故必定相對於如來藏而有，故知必有如來藏，由如來藏持身根命根而現相分。

二、末那若是持身識，佛不應說彼為意根，既名意根，則是六根之一；設使能持身，亦只持局部（大腦），非遍身持，可知非是能持命根身根者。

三、末那若是持身識，則有情若生純苦趣（全部地獄有情及一分餓鬼傍生），應於出生受苦時能立即捨苦趣身，便離諸苦而生善道。然彼末那雖能作主而不能持身，故末那與知苦之意識心受苦時，雖欲捨身而不能捨，另由無記性而不受苦樂之如來藏持純苦身、持命根故。

如來藏乃無分別心；定中能知之心是分別心，能知能分別則受苦樂。受樂生貪著，受苦生厭離。然如來藏不受苦樂，不於苦樂諸法中起分別作用。定中能知之心乃因末那識觸五根五塵境而生，名為意識；故定中之人雖入無見聞覺知之中，他人以刀割其身，立刻能覺而出定，何況定中未離能知？

定中能知能覺之心，若人以刀割身，立刻受苦，有分別故。若定中能知能覺之心是無分別心，應不分別身受刀割之苦。若身被縛，不能免於刀刀臠割之苦，而不能忍其苦時，此定中能知之心便欲捨身，末那作主決定捨身；然實不能捨，末那非持身識故。

地獄有情亦復如是，受劇苦時，能知能覺之意識及作主之末那識雖欲捨身他往，而不能捨地獄身。當知另有不受苦樂而無分別之心持身命根，故不能捨，使知覺心及作主之末那心繼續受地獄尤重純苦，彼能持身命根者，當知即是如來藏。

地獄純苦衆生如是，餘五道有情亦復如是，於壽未應終時不能自行捨身；唯除自殺、毀壞身根。若非以外力毀壞五根，於壽報未盡之前，七轉識欲自行捨身者，終不能成。

聲聞乘有學位聖人如是，非俱解脫之阿羅漢如是，大乘法中樂取涅槃之有學位菩薩如是，非俱解脫之無學位菩薩亦如是，於壽未當終時，不藉外緣，終不能自捨有餘苦身，七轉識非持身識故。

由此證知，於能知能覺之意識心外，於恆審思量處處作主之末那心外，別有能執命根、能持色身之心，應知即是真心——如來藏。

第六章　依五蘊證有如來藏

一切有情（除無色界）之色身，乃四大假合而成。四大非情，云何能有苦樂受？云何能有憶念、分別、恩怨、貪愛？是必有心。若有心，則定有如來藏；謂能知能覺意識心、及恒審思量處處作主之末那心不能持身故。既不能持身，則應此諸心不觸身之苦樂受；則能知之心應不能觸知五塵，五塵是色法（粗細物質之法）故。亦應身不能知五塵，身是四大元素假合所成之段肉，段肉無知故。

若道色身不須有心，自己能知五塵苦樂受，應死屍亦能知五塵、能受苦樂。是知必有能持色身之如來藏持身而住，現起末那和合五塵，乃現六識而受苦樂。故意根末那識隨如來藏住於身中，觸五勝義根緣生諸法而生意識，意識現起則五識互起或俱起（唯除夢中定中）；意識即是知，知故即有受，受能領納苦、樂、憂、喜、不苦不樂等，是名受蘊。

於諸受境界相，安立名言，與他有情隨所說言而能了知諸境界相，是名想蘊。因想而起諸身口意行，於時間空間之轉移變易中而造身口意十種善惡業，名為行蘊。於色受想行蘊諸行為中，對色聲香味觸法起憶想、分別、憎愛、覺知、寂照等，即是識蘊—六轉識。

若無此五蘊，如來藏於此世間便無作用；無形無色，猶如虛空，故云非有作用。因有五蘊，如來藏於世間便起諸作用，使五蘊於世間能見聞覺知；禪宗祖師所謂：「在眼曰見，在耳曰聞，在手執捉，在足運奔」是也，故云非無作用。

然此中有色身五根，有受想行三蘊，有識蘊之六轉識妄心，有意根—末那識妄心，有如來藏—阿賴耶、異熟識。何謂為真？何謂為假？非未破參證果者之所能知。故古今多有錯悟之祖師未悟言悟，譬如元朝釋知訥法師開示云：「汝見聞覺知之靈性，必是汝真心。」又如清朝廬山天然函昰(是)禪師，教人認取現前知寒知暖知好知歹底靈妙心，謂是不生不滅底真心，誤導衆生。（詳見慈雲雜誌二四三期五五頁，開澄法師輯—法海點滴）甚至形諸筆墨，流傳後世，誤盡蒼生，今日難逃末學之檢點。

人於世間一切行為，皆五蘊所作，若離五蘊，如來藏於世間即無作為作用。然五蘊非真，假合而有，離如來藏便無作用。設使未來科技發達，能複製一切有情，而其複製仍將不離如來藏。細胞核之分裂成長過程中，若無另一如來藏及其末那識執之為我，則細胞核不能分裂成長。故未來若有複製人具足成功，該複製人與本人之思想觀念憎愛等，必定不同，亦必獨立自主，不聽命於本人。若有聽受，定如父母夫妻子女眷屬一般。而複製人之色身，必與本人有些許不同，其如來藏所持業種與本人非完全相同故。

彼複製人，若能不藉另一有情（尚無色身之無色界有情或中陰有情）之如來藏執彼細胞為我，而能發展成人形者，其複製人應無覺知受想，不能憶念分別，無異死人。若無另一如來藏執彼細胞安住者，彼細胞尚不能分裂生長，何況能有五臟六腑及心跳呼吸消化……等？何以故？一人之如來藏不能分執二個五蘊故。

故若未來能複製有情色身，亦僅形色類似而已，其心定不相同。若無另一如來藏入住複製人之最初細胞，則必不能成長為五根具足之人。以此正理，依有情之五蘊有根身證有真心—如來藏。

第七章　依妄心不能持種證有如來藏

六轉識（見聞覺知心或定中能知心）有間斷故，不能持身命根，亦不能持一切業種往至來世。若六轉識妄心能持一切業種往至來世，亦應過去世之能知能覺心，能持一切業種來至今生，則應一切有情出生之時便能知曉過去世所學世間諸法，亦應能知過去世父母眷屬，亦應胎中前七月非處於無記之中，則一切人不須修行便具宿命通，皆能正知入胎、住胎、出胎，無隔陰之迷。

亦應於見道時便斷盡見思二惑，不須入修道位；則世間應唯有阿羅漢，不應有一至三果人。過去世一切業種既由能知之六識自身所持，則能知之心見道開悟時，應能同時斷盡思惑，不須修道，自己所持則自己能棄故。然世有甚多一至三果聖人，雖於見道時即欲盡棄一切過去世所造異熟種及熏習等流種，然猶未能頓除。須見道後入修道位—歷緣對境漸修漸除，此即顯示能知之心非持種心，既別有無分別性之持種心，當知即是如來藏。

末那妄心亦不能持種。末那識是有覆無記性，恆審思量、處處作主、時時作主，則必不能持種。能持種者定是無覆無記性心，方能持一切種而無所揀擇。若末那能持種，則依其有覆性，必依意識心分別選擇善業種而執持，棄一切惡業種；必選擇無漏法種而持，棄一切有漏法種。則一切有情心中應唯有善業種，應唯有無漏法種，則三界應無三惡道有情；云何現有三惡道有情因其有漏法種及惡業種而墮三途？故知別有非末那心，是無覆無記性，能持一切種，故有三善三惡等六道有情及諸聖人。

能知之心即是意識，恆審思量處處作主之心是末那識。若此二心能持有漏無漏善惡法種，則一切人證悟見道時（無論三乘之任何一種見道）應皆立即出離三界，立即斷盡見思二惑，則世間應無一至三果聖人，一悟即成阿羅漢故。緣覺亦應不分十品；

世間應無菩薩而唯有佛，大乘法一悟即斷盡見思二惑及無始無明塵沙惑故。何以故？一切有漏法種及惡業種皆自己所持，若是自己所持，則自己欲棄即能棄之。

然最後身菩薩以外之一切人，於見道時大多僅能除斷見惑，不能同時除斷思惑及塵沙惑。修道所斷之有漏法種非自己所能棄故，應知非能知之心自己所持。故世間現見有一至三果聖人，有十品緣覺，有七住至等覺位菩薩；六、七二識妄心雖然能悟道，然不能持種故。由此正理，證知別有無覆無記性之心，能持一切業種及等流種，應知即是如來藏阿賴耶識。

第八章 依能受熏之理證有如來藏

有情因無量世以來之熏習不同，故其種性各各不同。同父母所生之子女，其種性亦互有不同，可知一切有情皆有過去無量世之熏習。是故一切有情於無漏法之修習亦有五類種性之不同：聲聞種性、緣覺種性、菩薩種性、不定種性、無種性。

菩薩種性復有五類：外世界殊勝種性、增上心學種性、增上慧學種性、定性聲聞種性、一闡提（不示現成佛）種性。云何種性各異？熏習異故。既有多世之熏習，應知定有能熏所熏之心。

其能熏之心及所熏之心有四體性：一、能熏之心生滅變易，所熏之心堅住不斷：能熏之心生滅變易，體非常住。能生諸法作用而生長習氣。見聞覺知心及定中能知之心等，皆具此體性，有間斷、生滅變易、能生作用及習氣，故是能熏，非真實心。若多世樂修定法—定境入出之法，便成定性聲聞種性。

既有能熏之心，必有所熏之心。所熏之心－如來藏於五位中及無餘依涅槃位，皆堅住不斷，其本體永無變易、永不毀壞、常而不間斷，常住於三界六道中，故能受熏持種；體若毀壞、間斷，非堅住不壞，則不能受熏持種。如來藏堅住不壞，故能受熏持種。

二、能熏之心有作用，所熏之心是無記性：見聞覺知心及定中明覺心等，皆是七轉識心，因有變易生滅，故生知覺作用。因知覺作用而生長習氣，故是能熏之心。有作用故必能知覺六塵、處處作主，故變易非常，不能常住世間執持種子。故知覺心、明覺心等非如來藏。

如來藏乃無記性心，離見聞覺知，是無記性，故不分別一切善惡、美醜、苦樂、脫縛，亦不能了知定中一切境界。於一切法無所違逆、無所揀擇，故能容納一切善惡染淨習氣種子。雖能生七轉識，使七轉識有見聞覺知作用，然自身則無見聞覺知。不會六入，不觀六入，於六入六塵無分別作用，離見聞覺知故，乃是所熏。見聞覺知等心，於六入六塵有作用故，乃至定中亦對定境起分別領納揀擇作用，非是所熏，故非如來藏。

三、能熏之心習氣有增減，所熏之心習氣無增減：能知能覺之心，其作用強烈，能使習氣增減；或善心增長消滅，或惡心增長消滅，或有漏心增長消滅，或無漏心增長消滅。於善惡染淨習氣有增減者，乃是能熏之心，非如來藏。

如來藏恒，永隨能知能覺妄心運作，永無善惡染淨分別，無知無覺，故無習氣增減。不分別一切善染，故無揀擇。習氣永無增減，無記性故，方是被熏之心，方能持種。知覺之心等，其善惡染淨習氣有增減，是能熏者，非所熏之持種心，故非如來藏。

四、同時同處：能知能熏之妄心必與無知無覺被熏之如來藏同在一起，若不同時同處，不能成就熏習。譬如來至今生之如來藏不能受過去世妄心熏習；又如今生之如來藏不能受未來世之妄心熏習；非同時故。又如今日之如來藏不受昨日之妄心熏習，亦不受明日之妄心熏習，唯與今日之妄心同時同處，故能受熏。眠熟之後，妄心斷已，即不受熏，非同在一處故。

復有佛子執外道法為了義者：謂執虛空中有無盡之能量勝性，佛說此等人名為勝性外道。渾不知虛空中星球之引力能源等一切力量，乃由全部有情如來藏之共業所感而生，非自然有。有情非由虛空能量所生，彼非情故，不能生諸有情。彼非情故不能受熏。唯有有情能生有情，有心故能生有情，有心故能受熏。然受熏者非定中知覺之心，亦非定外見聞覺知心，此皆能熏之心，生滅變易，能造業故。

既有能熏，定有所熏，所熏之心即如來藏。如來藏既是所熏，必與能知能熏之心同在一處。若不同在一處，則熏習不成。若虛空或虛空能量為如來藏者，則虛空非是所熏，不與能熏之知覺心同在身中，故不受熏，由此亦知虛空或虛空之能量非如來藏。

如來藏住於身中，與知覺心同時同處，和合不分，真妄和合，故能成就熏習。經由知覺心之學習熏染轉變，同時同處之如來藏方能漸漸轉變其所執藏之妄心（知覺心）種子。今日見道修道，知覺心斷盡思惑，成慧解脱阿羅漢；眠熟後，知覺心已斷。明日醒覺，知覺心復起，雖非與昨日之知覺心相同，然與昨日之知覺心非一非異。

非一者，昨日今日之知覺心非是同一知覺心，昨日之心已斷故，今日新生故。非異者，今日之知覺心乃由昨日證阿羅漢之知覺心種子，復由如來藏中現行故，同以此世五根為俱有依根故。

因有如來藏持知覺心之種子，隨知覺心之熏習而轉變其所持知覺心種子，故今日睡醒之阿羅漢，不因眠熟而退失阿羅漢位，不因今日之知覺心非昨日之知覺心而退失阿羅漢。昨日證慧解脱之知覺心雖斷，然有如來藏執持昨日斷盡思惑之知覺心種子，故醒覺後，今日之知覺心依舊是慧解脱之阿羅漢。

由慧解脱阿羅漢日日間斷之知覺心，不會導致其慧解脱之退失，可知於知覺心外，定別有一非知覺心，能持今日慧解脫阿羅漢之知覺心熏習無漏法種，而往至明日，復現慧解脫熏習後之知覺心，故知必有所熏之如來藏。

見聞覺知心及定中能知之心等，既唯一日，不能持種往至明日；既唯一生，不能持種往至來世；若復不許有如來藏受熏持種，則應今日成阿羅漢已，明日知覺心無因而生時，應與異生凡夫無異，非阿羅漢，由是證有如來藏。

第九章　依有覆有分別心證有如來藏

一切未悟人所能了知之心，以及阿羅漢辟支佛所能了知之心，皆有分別，皆有覆性。例如：無語言思惟之靈知心，了了常知之明覺心、常覺聲色之靈知心、一念不生之寂照心、定中能知能見之心、對險境直接了知及反應之直覺心……等，皆是有分別心，或分別善惡，或分別境界。

凡所有心，一旦有知，即生覺觀，有覺有觀即落於善惡分別及境界分別之中。乃至修得非想非非想定，定中雖離欲界覺觀而名無覺無觀，但仍有微細寂照之知與觀，能分別觀照定中境界。分別觀照乃識之體性，故名為識。有知有覺處處作主之心乃生死之根本：攀緣執著欲界、色界、無色界之一切法而能了別，故是有覆有記性。

有分別心必具三性。入定境中，心一境性，了了分明，是善性。出定後貪著地位名聲而起慢心，或因禪定功夫深妙而起慢心，是染性。身體疲累，此心便起昏沉瞌睡，是無記性。既具三性，便非無覆無記性心。有分別心乃造業之心，此心若不停息，則生死業種不斷熏習增長，便能增廣如來藏中執藏之生死輪迴種子。然有分別心唯有一日一生，故不能從過去世持種來至今生。

若能持種來至今生，必是無記性，無記性心不分別揀擇，一切善惡業種皆能受持。一切凡夫外道所知之心，以及一切大乘法中悟錯者所知之真心，皆屬能知善惡分別之有記心。定中能知之心、或定中明覺之心，雖不分別人我，然能分別境界而安住或出定，既能別境，當知亦是分別心。此心出定便對法塵境起美醜善惡分別，定中定外乃同一分別心，皆是有記性心。既是有記心，則是能熏，能熏之心即非所熏，不能持種，非如來藏也。

若謂：「有記性之見聞覺知心不能持種，非如來藏；則無記性之末那識永不壞滅，能從過去世來至今生，亦應能往至後世，應能持種。」理亦不然，末那非自在故。彼由如來藏生，佛說彼為意根故，十八界所攝故。

末那識雖恒緣現境，不念過去，不思未來，性非善惡，然亦有了別揀擇性。雖不能如意識作觀察思惟之心行，卻於一切時地審查思量意識之觀察與思惟，無時無刻不作揀擇，是有覆性。又恒內執我，故恒審思量如來藏對現外境之內相分而時時揀擇，是有覆性。

既是有覆性，而又時時揀擇，則是能熏之心，必非無覆性之受熏持種心。若末那能持種，必定只揀善業種受持，不願持一切惡業種故。若此心能持種，則應一切惡人皆唯有善業及淨業種，則一切惡人乃至謗正法者，皆應生天享福、或成阿羅漢、乃至成佛，亦應無三惡道有情。故有覆性之末那識是能熏之心，不能持種，非如來藏。末那識既非持種心，而現見有持種心能成就三界六道不同之有情，當知必有如來藏。

又末那識恒內執我，其性堅固，處處作主，時時作主，與覺知心同是能熏性、有覆性，是能熏之心。若有能熏之心而無所熏之心，則世間有情習學諸法皆成無用。今日學已，明日便忘；此刻學已，下刻便忘故。既有能熏之七轉識見聞覺知心等，則必有一被七轉識所熏之持種識，當知即是如來藏識。

又能熏之七轉識與所熏之如來藏，必須同時同處，方能成就熏習功能。若不同時同處，熏習不成。比來多見佛門中外道，每謂如來藏在虛空中，量周沙界，遍一切處，非在身中。若然，則七轉識在身中，與如來藏不同時同處，則熏習不成，應一切有情不能學習一切法。以身中有被熏之如來藏，故有情對此生所學所習諸事憶念思惟，漸漸改變如來藏中七識種子習氣，是故成人不同於兒童之稚氣，悟者見地不同於未悟者之知見，由是證有如來藏。

又若不許有無記性之如來藏為所熏識，而以有記性之見聞覺知心、及處處作主之末那心為所熏，則應一切人皆一悟即成阿羅漢或究竟佛，自身能受熏持種故。則應世間同時有多佛，則違大小乘諸經佛說世無二佛開示。由此有覆有分別心不能持種之理，證知定有另一無覆無分別之受熏持種心，即是如來藏——阿賴耶識。

第十章　由佛菩薩一切種智證有如來藏

諸佛得一切種智。一切種智者，圓滿具足證知八識心王之一切種子內容，此唯佛得。二乘之阿羅漢及辟支佛得一切智。菩薩有得道種智者，有兼得一切智者；然其所得道種智，必須修至佛地，方得具足圓滿，改名一切種智。一切種智乃是對如來藏（成佛後名為真如）所執持之無數功能差別之了知，故一切種智不離本有之八識等流種及無量劫來熏習之異熟種，以及成佛前所修之一切無漏法種。

異熟種易斷，聲聞阿羅漢、辟支佛、菩薩阿羅漢及八地皆能暫斷而取涅槃，然非究竟斷盡。故迴小向大之阿羅漢，仍有異熟生死而須不斷受生。必須經由大乘宗門之見道，復隨佛學，或隨善知識學，方能知曉等流種之流注變易，方知能斷等流種之理。

然等流種之流注性極難斷除，唯佛斷盡無餘。阿羅漢辟支佛雖斷盡異熟報之果種，不受分段生死，猶未知如來藏在何處，何況能知如來藏自身等流種之流注？故仍有變異生死，須至佛地方能斷盡。

禪宗祖師之開悟明心者，大多只知如來藏之本體總相，便心滿意足，畢生四處弘法。中有多慢之人，便輕忽教門，動輒狂言：「三藏一大藏教，是老僧坐具。」渾不知證得如來藏本體，僅菩薩六度般若之正觀現前耳，依律典《菩薩瓔珞本業經》判為別教七住，唯得無生智忍而已。若能更進一步眼見佛性者，依《大般涅槃經》判為別教十住，乃外聖內凡之習種性賢位菩薩耳，猶非聖種性菩薩。

觀乎禪宗典籍所載祖師，不少魚目混珠之輩。真開悟者中，大多僅明心而已；間有眼見佛性者，其數亦不多。十住位尚且未得，何可因明心而生狂？便輕忽佛說一切種智諸如來藏系經典？地上菩薩應證之道種智未得，尚不能面見報身佛，焉得自稱初地菩薩？近代更有狂師，一向主張「一悟即成究竟佛，與釋迦佛無異。」皆因宗教二門俱未融會貫通所致。

「宗是佛心，教是佛語。」佛以證得如來藏一切種智圓滿具足而後見性成佛，以是之故說諸教法。二乘人雖然性障微薄，但根微智劣，雖能學一切智，不能學一切種智。菩薩雖然性障較重，但根利智強，能發成佛之心，不畏生死，故佛為說一切種智—如來藏系唯識經典。此諸經典乃說如來藏及究竟位之真如—佛心，雖是教門，所說皆是宗門，何可妄言「宗門與教門不相干」？

一切佛子應有正見—宗教不二。宗是所證之如來藏（最後身菩薩所證是真如）教是敘述如來藏或真如之佛語，宗教雖二，其實是一，不可分離。

若所悟之如來藏心，不能與諸唯識如來藏系了義經典印證者，即非真悟。地上菩薩能親見報身佛，學一切種智。未至初地菩薩，雖悟明真心如來藏，亦眼見佛性，唯能依如來藏系唯識經典及宗教俱通之善知識修學一切種智，不能親隨佛學。

若非再來人，雖然悟得真心，仍不能貫通如來藏系唯識經典，猶須於悟後親近真善知識，隨學一切種智—如來藏系唯識經典及成唯識論。一則以了義經典印證自己所悟如來藏之真假，二則深入了知如來藏之一切種子—功能差別，方能知悟後起修之道應如何修行？故正知正見諸祖每云：「依文解義，三世佛怨；離經一字，即同魔說。」

然如來藏系唯識經典甚深極甚深，難知難解。唯有宗門頓悟者稍能知解，方能入漸悟菩薩位。未經宗門之頓悟者，不能入漸悟菩薩位（宗門之內只有頓悟，沒有漸悟），故未頓悟及錯悟之人，於諸如來藏系唯識經論定無法相應—彼等所知之真實心非佛所說之真實心，故不能以佛說唯識如來藏系經典、而深入證驗自身如來藏及其所生七轉識間所生一切諸法之微細深妙處，讀之格格不入，便道「宗門與教門不相干。」

如來藏系唯識經典，於頓悟後深入研讀，無有一部遺漏，再予融會貫通後，復加修增上心學（四禪八定），方能貫通《成唯識論》。此論乃集一切如來藏系經典及增上心學而作廣辨。未悟之人不能深入證解全部如來藏系唯識經典，更不能融會貫通，則於《成唯識論》不能理解，便道此論有誤；其實不然。

《成唯識論》乃唐朝玄奘大師所編；玄奘大師於天竺頓悟如來藏後，遍習護法菩薩等十大論師之精髓，再以所證，精闢解析，深入分辨。乃列舉十大論師及小乘、外道、大乘某些部派等見解，其正者加以闡釋，其誤者亦予列舉分析辨正，使後學漸悟菩薩能知何者為誤？誤在何處？析理之後，復於每一主題之末，陳述結論。

故《成唯識論》實乃玄奘菩薩所造，敘述護法菩薩等十大論師之論議為正為訛，兼論小乘、外道、及大乘部分宗派等錯誤論議；謙沖為懷故，不說是自己所造。今人尚不能解其文字表義，何況能知此論真義？不知論中何者為外道及小乘之謬論，何者為玄奘菩薩之結論；復未頓悟，不解其旨，便道此論中某些見解有誤。

此論中有問有答，何為問句？何為答句？皆未作標示，讀者難知。此論文句艱深，名相復多，兼以所論定慧皆攝，甚深甚廣；頓悟菩薩即使所悟真實，若未遍閱如來藏系經典，融會貫通，再深入研討四禪八定、滅盡定、無想定、等引、等持、等至，復證無覺無觀三昧者，欲深入了知此論精髓，難逾登天。以是之故，坊間所見研究唯識著作雖衆，率多言不及義，乃至有錯誤百出、不忍卒「讀」者。

《成唯識論》—成就「三界唯心，萬法唯識」之議論也。心者總有八識，唯第八識如來藏恒常堅住不壞，自凡夫位乃至成佛，皆是此識。性非堅密故能受熏，非分別性故能受熏；能生七轉識故，與七轉識共生三界六塵萬法。三界世間之成住壞空、循環不已，乃因共業有情各各自有之第八識中蘊集業種所感而共生，故云三界唯心；心者如來藏—阿賴耶識、異熟識、真如也。

凡夫乃至七地菩薩之第八識名阿賴耶、異熟識。斷盡四住地煩惱，思惑滅盡，則斷分段生死業種之執藏性，方捨阿賴耶名，唯名異熟識（菴摩羅識）。唯仍有變異生死之異熟種，故名異熟識。修至佛地，斷盡無始無明過恒沙上煩惱，離變異生死，唯名真如，皆是此第八識也。

此論詳說三乘如來藏系經典所說八識一切法，即是佛說一切種智。必須精通古文及佛法名相、真正頓悟、貫通如來藏系經典、並有禪定功夫體驗者，方能深入為衆解析。菩薩三大無量數劫所修所學，皆須迴向此一切種智。

一切種智者，不離本有及熏習種子等功能差別之具足了知，而發起佛地四智。若無本有及熏習種子，一切衆生應皆同類同種同性。若有本有及熏習種子，導致有情出生類別及種性習性等多種不同，則必有一多劫多世以來，一向自在不壞而又無分別性，非是能熏，非能造業，非能作主之可熏性持種心。

佛以具足了知此心在凡夫位乃至佛地之一切種子功能而圓滿一切種智。既有一切種智，當知必有一切種智之根本，即如來藏也。定中能知之心或一念不生時之見聞覺知心乃是六轉識，六識及末那皆無蘊集一切種子之功能，不自在故、有分別故、有揀擇故、是能熏故、有間斷故、易起易斷故，不能受熏持種來往三世乃至成佛，故應別有如來藏受熏，持一切種，乃至未來無量劫得成佛道。佛子不應因未破參證得而否定之，更不應執二乘化城法而否定唯識究竟法門，菩薩摩訶薩念念迴向之一切種智，皆在此中故。

第十一章　依佛四智證有如來藏—真如

佛子皆知佛有四智，謂成所作智、妙觀察智、平等性智、大圓鏡智，此四智總名法界智、法界體性智。

妙觀察智及平等性智，於初地或七住位明心便得，然僅是下品轉識成智耳。七地入八地時中品轉，成佛時上品轉，方具足圓滿。成佛時亦同時頓得成所作智及大圓鏡智。

妙觀察智由第六識成就，平等性智由意根—第七末那識成就，成所作智由佛地前五識成就，大圓鏡智由佛地第八無垢識—真如成就。第八無垢識真如，於成佛前名為如來藏；如來藏名總括凡夫位及三乘有學位之阿賴耶識及三乘無學位之異熟識，成佛改名真如，皆同一第八識，於不同修證境界而有不同名稱。

此四智之成就，名為轉識成智。然非將識轉化消除而變成智慧，乃是消除識心對三界諸法之執藏及錯誤分別，成就真實智慧。識轉化清淨而生智慧，識乃其本體，智慧是清淨識之作用，非離識體有其作用，故佛云：「識智不相離，和合我常說。」

既有四智，則必有八識；若有八識，則必有如來藏真如，否則不能成就大圓鏡智。前六識即眼耳鼻舌身意六種識心，佛子皆知，不必贅言。第七識即是意根；意根非是大腦，大腦乃五根之樞紐，是眼耳鼻舌身等五根勝義根之集合體。

意根末那識觸此五勝義根之五塵境，便警覺如來藏，使意識之種子現行而有意識，故能分別或覺知。意識因末那作用而由如來藏出生，受末那指揮而作思惟分別觀照……等心行。故意識不作主，思惟分別觀照之後，得到結論，再由意根末那識作主。以上之理，利智佛子方能知之，鈍根菩薩及二乘人則不能知。

大乘宗門之悟，常有錯悟；或以能知能見能聞能覺之心為如來藏、或以無語言思惟之靈覺心為如來藏、或以定中能知能觀之心為如來藏……，名稱千奇百怪，無所不有，各執一詞，互不相讓，其實皆不離覺知，皆同一意識。

譬如祖師悟後開示道：「在眼曰見，在耳曰聞，在手執捉，在足運奔。」學人便道一切境中之見聞覺知心為真心如來藏。然《維摩詰經》等明明開示：「法離見聞覺知。」「不觀是菩提。」「不會是菩提，諸入不會故。」《深密解脫經》云：「第一義諦離諸覺觀，無覺觀者是名心性。」其他諸解脫經亦皆如是開示。

然證悟祖師所說亦無錯失，此中密意不便明說。為此一祖師開示中，已將真如佛性密意和盤道出，然前後四句與諸解脫經相反，似非悟者；而此祖師明明已受印證，受傳祖衣佛缽，似與常理不符。是故宗門之證悟有深有淺，真正明心及眼見佛性二關具足者方能真知，非一般標榜「開悟即成究竟佛、即身成佛」之錯悟者所能知。此類人對於真如佛性之體用性相不能明解，祖師謂之「儱侗真如，顢頇佛性」是也，此非真實證悟。

定中能觀能知之心乃前六識，處處作主之心乃末那識，皆非如來藏。此七識能生成所作智、妙觀察智、平等性智，已如前示；然有大圓鏡智非由此七識所生，故知於此見聞覺知心及處處作主之心外，必另有真如存在（成佛前名為如來藏），不應因自身未能證得，便藉大乘經出現較晚為由，否定如來藏思想。

一切親證之人皆知如來藏之真實，非僅是一種思想而已。故知凡是主張「如來藏思想非佛說」之人，皆是未悟之人，未親證如來藏，不知身中如來藏何在故。

若凡夫衆生無第八識如來藏，則應佛無第八無垢識—真如；既無第八識真如，應佛無大圓鏡智，大圓鏡智依真如而有故。若云真如是成佛方有，成佛前無真如之前身—如來藏，則應佛地真如是本無今有。既非本有，即是因修而得；若是因修而得，非本來自在，則是衆緣所成，將來應壞。

亦不應言「真如是將見聞覺知心，經由修定轉成定中能知能觀之心，再修成真如。」若然，則應真如是由六轉識修行轉變而成，則應成佛後唯有末那識與真如，無前六識。若無前六識，應佛無成所作智及妙觀察智。若言真如由末那修成，為難亦然。

由是證知：見聞覺知之六轉識及作主之末那識外，別有離見聞覺知之如來藏同時存在。即此如來藏，方能修至佛地，成為佛之第八無垢識真如。此心於三賢十聖及凡夫地不名真如，名為如來藏──阿賴耶識、異熟識、菴摩羅識。不論已悟未悟，祂都是本來就與見聞覺知心同在，本來就與定中能知能觀之心同在，非將知覺之心修行轉變而成，由是證有如來藏，真實不虛。

第十二章　依小乘阿含經聲聞四聖諦證有如來藏

四聖諦者謂：一、苦諦：吾人一期生死中，有生、老、病、死、求不得、愛別離、怨憎會、五蘊熾盛等八苦。此八苦則歸結為一苦—五蘊熾盛苦，一切苦皆因五蘊熾盛而有故。或云三苦：苦苦、壞苦、行苦。身受苦、意受苦、服藥苦，皆名苦苦。有生必有死，世間一切法終歸壞滅，是名壞苦。諸行無常，剎那變易，是名行苦。

苦之現象本來存在，乃是事實，非因假名施設而有。衆生不了苦之真義，貪著眷屬及五欲等，此等貪著便生諸苦。佛子學佛，不能了知定中定外一切能知能覺之心皆是識蘊，故不離行苦；了了常知之心，雖無妄想語言，仍是念念變易，無常生滅，佛子多半不知此理。若執此心，便致輪迴。能了知此者，名為「知苦聖諦」。

二、苦集諦：知苦聖諦後欲得滅苦，應知苦集之真義。苦集者，貪求五塵境，於順逆境中起諸憎愛，造諸業行，謂身三口四意三。以此集諸異熟果報種子，集諸種子故，復生後有。若於一期生死中，造諸十惡不善業行，即是集聚未來世再受三惡道五蘊之種子；若於一期生死中，造諸十善業行而執有為福德善報，則是聚集後世三善道五蘊種子。此二業行，皆名聚集輪迴苦種，是名苦集聖諦。

修道之人若未解了定中定外能知之心剎那生滅，復未了知作主之心剎那異緣、念念無常，將此二心內執為我；復以此二妄心無形無相，矯辯為無我空性，不信善知識語，恒執不捨，亦是苦集，名為集「有愛住地煩惱苦」，若不斷此惡見，永劫不出輪迴。若能了知，名為「知苦集聖諦」。

三、苦集滅諦：知苦集之理後，應知苦滅相。苦滅者，貪愛滅故苦滅。有情貪求五塵境及其所生諸法者，實因貪愛內六根；貪愛內六根者起於執自內我，執自內我者恒執能知能覺之心及作主之心。執知覺作主心故不甘寂寞，時時處於五塵境及其所生諸法中，欲覺知自身所受，欲覺知自心受想。

若於自內我之執受能斷之理了知，則知此執受斷者不貪覺受，則知不貪覺受者必不著五塵境及定境，則知有情若有滅世貪愛者，想受陰滅，便出三界。知此理者，名為「知苦集滅聖諦」。

四、苦集滅道諦：知苦集滅聖諦後應知苦集滅之道，謂修四念處觀、四正勤、四神足、五根、五力、七覺支、八聖道，行此三十七道品，能斷苦集。苦集已斷則知苦滅，自知不受後有，是名滅苦集之道。

世尊說此四聖諦者為小乘人依五蘊說，若離五蘊即無四聖諦。然五蘊非真實有，暫有似有、假合而有，故非真有，終歸於滅。五蘊空故四聖諦空，無有一法可得。故佛為遣聲聞證我空後所執四聖諦法及外境法等實有，遂說大乘般若空，遣一切法相，說無一法可得。

然大乘般若空於遣除一切法相後，若真一無所有，是誰證四聖諦？遣除聲聞乘一切法後，若一切皆空，何異斷見外道？故云：「聲聞證空，不證不空。」世尊多時多處說四聖諦法，必非無的放矢；謂依四聖諦真實之理，修三十七道品可出輪迴生死，其能出輪迴生死者，當知即是如來藏也。謂前七識不離六入法塵，即使修得非想非非想定，皆是意識境界；若不肯滅卻定中知覺心之自內執，依舊不出輪迴。若能滅卻知覺心所生受想之貪愛，則自內執斷，能入滅盡定，捨報便入無餘依涅槃。入無餘依涅槃者，非定中能知受想之心，亦非定中不覺外境之能知心，乃是無始以來便離見聞覺知之如來藏；否則一切阿羅漢入滅，皆應同於斷見外道論議，由是佛說四聖諦滅苦之理證有如來藏。

第十三章　依小乘阿含經佛說十二因緣法證有如來藏

《長阿含》卷十，第十三經《大緣方便經》佛云：

「阿難！若使無眼、無色、無眼識者，寧有觸不？」答曰：「無也。」「若無耳聲耳識、鼻香鼻識、舌味舌識、身觸身識、意法意識者，寧有觸不？」答曰：「無也。」

「阿難！緣識有名色，此為何義？若識不入母胎者，有名色不？」答曰：「無也。」「若識入胎不出者，有名色不？」答曰：「無也。」「若識出胎，嬰孩壞敗，名色得增長不？」答曰：「無也。」「阿難！若無識者，有名色不？」答曰：「無也。」「阿難！我以是緣，知名色由識，緣識有名色。我所說者，義在於此。」

「阿難！緣名色有識，此為何義？若識不住名色，則識無住處。若無住處，寧有生老病死憂悲苦惱不？」答曰：「無也。」「阿難！若無名色，寧有識不？」答曰：「無也。」「阿難！我以此緣，知識由名色，緣名色有識。我所說者，義在於此。」

「阿難！是故名色緣識，識緣名色。名色緣六入，六入緣觸，觸緣受，受緣愛，愛緣取，取緣有，有緣生，生緣老死憂悲苦惱，大苦陰集。阿難！齊是為語，齊是為應，齊是為限，齊是為演說，齊是為智觀，齊是為衆生。阿難！諸比丘於此法中如實正觀，無漏心解脫。阿難！此比丘當名為慧解脫。」

四阿含中說因緣法之處甚多。謂佛說：「無明緣行，行緣識，識緣名色，名色緣六入，六入緣觸，觸緣受，受緣愛，愛緣取，取緣有，有緣生，生緣老死憂悲苦惱，大苦陰集。」佛又云：「識緣名色，名色緣識，如是二法，譬如蘆束，展轉相依，俱時而轉。」既云：「識緣名色，名色緣識」，當知必有緣名色之識，即如來藏也。由此亦可證知真心妄心和合而轉，真妄同在，非謂知覺妄心可由修行變成真心也。

四阿含中每釋云：「名是受想行識，色是羯羅藍等。」羯羅藍者受精卵也，等者涵蓋胎兒、成人、一切有情之有根身。既云受精卵、胎兒、人及諸有情之有根身是色，因色身而有受想行識，此五蘊合稱名色；此名色五蘊既與識相依而住，當知此識即如來藏阿賴耶識也。

若謂此緣名色之識是末那識，非如來藏，則應一切有情皆無意識；意識由意根觸法塵而生故，佛說意根是末那識故（大腦是眼耳鼻舌身五勝義根之集合體）。若無末那即無意根，若無意根即無意識。

然一切有情皆有意識，故末那是意根，住於腦部，觸大腦五勝義根之五塵境諸法，而由如來藏生意識。末那既是意根，六根所攝，當知非是自在心，由如來藏所生；非有形色，故名為識。

是故五蘊名色「名中識蘊」謂前七識，非謂如來藏。今佛說「識緣名色，名色緣識」，意即：識緣色身及受想行識（七轉識），色身及受想行識（七轉識）緣識，以不可知執受而互相攀緣，依存而生，故有有情衆生輪迴六道，不休不止。末那識既攝在六根之中，復與六轉識同攝於名色之名中，則此能緣名色之識必是如來藏—阿賴耶識、異熟識、菴摩羅識—因地真如、雜染真如也。

若謂此能持羯羅藍及有根身之識是第七末那識，非如來藏，則應一切有情皆不老死。末那既能持身，復能作主，則必不使自己所有之色身老死，然色身終究不遂末那所願，仍向老死演化。故知必有一心，非是末那，是無覆無記性，不貪生怕死；雖持身不斷，而不隨靈覺心怕怖老死，仍依其所持老死種子業力功能運作，不分別老死而引導色身漸漸老死，以滿足酬償業果作用。若執持名色之心是作主之末那識，則人應不老不死，且永遠健康無病；故知「識緣名色」之識乃另有一無分別性之心，此心即是如來藏也。

應知第七識末那不自在故，六根所攝故，由如來藏生故，非能持名色。又是見分所攝，是能造業、是能作主、是能熏性，不能持種，非如來藏性，故知緣名色之識非謂末那，乃如來藏。

若此能緣名色之識是第七末那，應無三惡道有情。彼諸有情之末那既能持苦趣身，復能作主，應於生苦趣中受苦時，立即捨身他往，而實不能。現見三惡趣有情之如來藏，於苦趣中依舊執持苦趣身而不捨離；一期生死中，恒緣苦趣名色五蘊。彼如來藏離見聞覺知，不受苦樂，故恒持苦趣身，由名色五蘊而受苦果。故知十二因緣法所說「識緣名色」之識乃如來藏—阿賴耶識，不可謂「如來藏思想非佛說」。

若謂「識緣名色」之名中識蘊是前五識，緣名色之識是意識，理亦不然。受精卵位無五識故，則受精卵位應唯有色而無名；當知受精卵位之名即是末那識意根。然十二因緣佛說「識緣名色」主要在說受精卵位，因識緣名色故，名色增長，漸漸具足五根，乃有意識。佛又說意識者乃因意根末那識觸五根所現五塵境諸法而有，非於具足五根前能有意識，故受精卵位無意識，不可謂「識緣名色」之識是意識。

又佛說受精卵位有色及名，色謂受精卵，名者末那識—意根也。第七末那識尚且攝在五蘊名中，何況第六意識？故知「識緣名色」之識乃謂如來藏阿賴耶識，非謂意識及末那識也。

有情在住胎末期，五根之勝義根漸漸長養，名中識蘊之末那識稍能觸五根所生諸法之少分，然猶不觸母體以外境界；唯緣母體溫涼、心跳、呼吸、言語等聲之少分，而生獨頭意識，緣如來藏所生內相分而有時作夢，然多處於無記中，意識不現起。故「識緣名色」之名中識蘊，或獨一識—受精卵位之末那；或有二識—出胎前，末那及夢中獨頭意識俱起；或有七識—出胎後醒覺時之一至七識，故「識緣名色」之識謂如來藏阿賴耶識，非謂能知能覺之意識或能作主之意根—末那識。

又不可說「識緣名色」之識是第六意識，意識有間斷故，不能恒持受精卵乃至人身等，故不可說意識恒為名色所緣。

亦不可說「識緣名色」之識是了了常知之明覺心、作主心，此二心是意識意根故，意根攝在名色中之識蘊故。此明覺心、作主心，既攝在名之識蘊中，與另四蘊同為「識」之所持所緣，當知持名色之識即是如來藏；明覺心能了知外內心境，非無分別心故。藏識離見聞覺知，不分別內外、心境、痛癢等，而能了知明覺心作主心之運作。此了知作用，非錯悟者以明覺心之所能知，唯真悟者方知。

若云「識緣名色」之識是明覺作主之心，則不應理，非被持者能持自己故。如人不能持自己離地而住，要假他人他物方能離地而住；若此心是能持名色之心，則應此心能通三世，應能於五位中不斷，故知此心非如來藏；若謂此心是如來藏，則佛成妄語。然佛開示，於此明覺能知心外另有「能緣名色之識，為名色所緣之識」，此識即是無覆無記性─不分別善惡能所、遠離覺知之如來藏也。

《中阿含，象跡喻經》亦云：「諸賢！若內耳鼻舌意處壞者，外法便不為光明所照，則無有念，意識不得生。諸賢！若內意處不壞者，外法便為光明所照，而便有念，意識得生。諸賢！內意處及法意識知外色法，是屬色陰。若有覺，是覺（受）陰。若有想，是想陰。若有思，是思陰。若有識，是識陰。如是觀陰合會。諸賢！世尊亦如是說：『**若見緣起便見法，若見法便見緣起。**』所以者何？諸賢！世尊說五盛陰從**因緣**生。」

上引經文，謂六識現起必具三要件：根具不壞、境界現前、念起（作意正起），三和合觸，故有眼識乃至意識。意識由內意處（末那）觸法塵影像而起作意，念欲了別，乃生意識。生意識者因緣也，因緣者以如來藏為因，以根塵觸而起了別作意為緣，故知有如來藏為能生意識之因也。

是故《中阿含，大因經》佛云：「阿難！若有問者：『名色有緣耶？』當如是答：『名色有緣。』若有問者：『名色有何緣？』當如是答：『緣識也。』當知所謂緣識有名色。阿難！若識不入母胎者，有名色成此身耶？」答曰：「無也。」「阿難！若識入胎即出者，名色會精耶？」答曰：「不會。」

「阿難！若幼童男女識，初斷壞不有者，名色轉增長耶？」答曰：「不也。」「阿難！是故當知：是名色因、名色習、名色本、名色緣者，謂此識也。所以者何？緣識故則有名色。」

「阿難！若有問者：『識有緣耶？』當如是答：『識亦有緣。』若有問者：『識有何緣？』當如是答：『緣名色也。』當知所謂緣名色有識。」

「阿難！若識不得名色，若識不立不倚名色者，識寧有生老病死苦耶？」答曰：「無也。」「阿難！是故當知：是識因、識習、識本、識緣者，謂此名色也。所以者何？緣名色故則有識。阿難！是為緣名色有識，緣識亦有名色。由是增語，增語說傳，傳說可施設有：謂識、名色共俱也。」

色者：四大所成色身，謂有根身，具足五扶塵根、五勝義根（大腦及全身神經），稱為色蘊。名者：受想行識四蘊。識蘊謂眼耳鼻舌身意識及意根（末那識）等七識。受想行蘊謂七識與五根所生三受覺及想，乃有身口意行。是故，與名色俱者，必是

「法、本際、實際」，即是大乘所說如來藏阿賴耶識、異熟識也。故阿含經中佛說「識緣名色，名色緣識」等語，已密意說有如來藏—阿賴耶識，唯不用如來藏名相，而說之為識。

阿含四部真是佛說，古今中外一切學者及一切佛教徒皆無異議，衆所認同。今觀北傳南傳諸阿含中，處處皆有佛說十二因緣，法同一味，皆云「識緣名色，名色緣識。」皆密意說有如來藏—緣名色之識，可知如來藏思想真是佛說。若批判或否定如來藏思想等唯識觀，則是砍伐佛法大樹之根本，則是破壞聲聞法與緣覺法，使二乘法墮於斷見外道論中，則不能證解阿含諸經佛說二乘涅槃寂靜之理。

是故佛云：「**若見法便見緣起，若見緣起便見法**」，法者「識緣名色」之識—如來藏阿賴耶識也，若見阿賴耶識，便見色蘊及七識受想行蘊之緣起性空，遠離自性見，阿賴耶識離見聞覺知故，本性清淨、無分別性故；若見色蘊及七識受想行蘊之緣起性空，便知有一**能使**五蘊假藉父母為緣而現起之**法**—

「識緣名色」之識—如來藏阿賴耶識。若無此識，十二因緣應名「九因緣」，無「無明緣行、行緣識、識緣名色」之識故，則此三應除，唯餘九緣。亦應名「九緣」，不應名「九因緣」，無「無明、行、名色」之因故。則名色應無因有緣而起—唯依父母之緣而起，則同四大外道之四大極微派。

是故緣起性空之理，不可稍離十二因緣法，亦不可取十二因緣法之局部而說。若離「無明緣行、行緣識、識緣名色」之識—如來藏阿賴耶識，則十二因緣法，必墮斷見，成為「有緣無因」之法，則三世一切佛所說佛法，皆成無因而起之法，則成戲論。

若不見「法」—「識緣名色」之識，則不見緣起正理，皆依意識思惟而得故。**識**乃禪宗破參所悟真心—如來藏阿賴耶識也。若證知身中本有之「法」—阿賴耶識，便斷自性見，遠離空有斷常二邊，亦知聲聞無餘依涅槃之「本際」，亦知緣覺十二因緣之因—「無明緣行，行緣識，識緣名色」之識；亦知十二因緣之緣起性空—名色緣六入、……、生緣老死憂悲苦惱等緣起正理。如來藏阿賴耶識乃是緣起之因，若離緣起之因—如來藏阿賴耶識，則無緣起正理可言；若離緣起之因—「識緣名色」之識，則緣起性空之理即成戲論，不異斷見故；是故《中阿含經》佛云：「**若見緣起便見法，若見法便見緣起。**」

二乘法乃是菩薩藏之根本，菩薩若離二乘涅槃寂靜之修證，即成狂慧，不得解脫。二乘若離「識緣名色」之識—如來藏，則墮於斷見，無異外道，不能圓成種智。故批判或否定如來藏思想，誣指為非佛說者，即是砍伐三乘佛法大樹之根本，即成魔說，成一闡提，成就謗菩薩藏大惡業，身壞命終時必入地獄。

一切真悟之大德所不敢批判否定，而彼外道及崇尚二乘法諸人，之所以敢批判否定者，皆因不明二乘法中佛說密意所致；二乘法之密意尚不能知，云何能知大乘唯識如來藏密意？未親證如來藏故，方敢盲目批判；既已親證，云何否定批判？既未親證，即非大乘見道，則彼否定批判之說，復云何可信？佛子於此務必深思。

第十四章　依小乘化地部阿含經中說「窮生死蘊」證有如來藏

小乘化地部阿含經中說有「窮生死蘊」，若無如來藏，無別蘊法能窮生死際而無間斷。謂欲界色界有情之定中明覺寂照心及定外見聞覺知心皆有間斷，於眠熟、悶絶、死亡、無心定、滅盡定等五位間斷，不能持身持種來往三世；別有「窮生死蘊」能來往三世，永不斷絶，應知定是十二因緣法所說「識緣名色」之識，定是大乘唯識經典所說如來藏阿賴耶識。

亦謂無色界有情，色蘊間斷，若非「窮生死蘊」常住，云何而有壽命萬劫乃至八萬劫？

無想天有情生於四禪天，雖有色身，恒處無記中，無所覺知；未至壽盡，意識不現。意識現時即有覺知，則便上升，或者淪墮。於彼壽未盡時，無覺無知，是何心住無想天色身中？當知即是「窮生死蘊」—如來藏也。不可謂為末那識，不自在故，十八界之意根所攝故，非能持無色界及無想天有情之命根故。

無想天有情壽命五百大劫以內，空無邊處天有情壽命最長者一萬大劫，識無邊處天有情壽命最長者二萬大劫，無所有處天有情壽命最長者四萬大劫，非想非非想處天有情壽命最長者八萬大劫。無想天人，壽未盡時，不觸五塵；無覺知故，亦無幽閑法塵，恒處無記之中。無色界有情雖有意識，已無欲界及色界之覺觀，一至八萬劫內恒處定中。

無想天人於五百劫內恒無覺知，壽命將盡時，意識方現，方有覺知。而其覺知，不觸五塵，唯觸定中幽閑法塵。意識現已，覺知定中法塵，即不能安住，便致升墮，結束一期壽命。無色界有情壽命將盡時便起念出定，以此上生或下墮。此諸有情，升墮之時，意識隨滅，唯有「窮生死蘊」能跨越生死，便隨第七識之習氣升墮，當知此「窮生死蘊」即是聲聞法所說本際、即是緣覺法所說「識緣名色」之識、即是大乘法中所說如來藏—阿賴耶識，同一空性而有三名。

故龍樹菩薩《中論》偈中亦說有如來藏—十二因緣法中「識緣名色」之識，茲摘錄及略釋如左：

偈曰：以諸行因緣　識託於諸趣　識相續託已　爾時名色起

略釋：以過去世造作身口意行之因緣，集積後有之種子，故阿賴耶識託生於三界六道之中。既託生於母胎之中而相續不離，故有五根色法及名—受想行識（一至七識）現起。應知此託生之識即是如來藏也。

偈曰：從於名色體　次第起六入　情塵等和合　而起於六觸

略釋：託生於母胎，名色長養具足後，便依於名色而出胎。出胎時先起意識及身識，便有意入及觸入，隨即耳識聲入起，次後則有鼻識及香入，最後有眼識、舌識、色入味入現起。於六塵六入之領受中，便起苦樂憂喜捨等情，和合而分別六觸諸法。

偈曰：因彼眼與色　及作意二種　與名色爲緣　爾乃識得生

略釋：六識之出生，乃因眼根、色塵、觸等三種法為緣，末那於中起作意，欲了別塵境，便警覺如來藏現起意識及眼識，為彼了別色塵境及色中諸法；耳鼻舌身識莫不如是。故知根塵觸及末那欲了別五塵之作意，乃是受想行識現起之緣；有根身之色身亦因此而生長增廣，眼等六識因此而出生。

由以上十二句《中論》偈之意涵，即知有一窮生死蘊—識，能由過去世死後，隨業受生入胎，跨越生死，來往三世，此識即是十二因緣法「識緣名色」之識—如來藏也。今觀龍樹菩薩中論偈，及小乘化地部經中皆說有能窮生死、往來三世之識—窮生死蘊，是故應信有「識緣名色」之識—如來藏。

第十五章　依小乘上座部阿含經中說「有分識」證有如來藏

小乘上座部阿含經中說有「有分識」—「有」謂三有，謂欲界有、色界有、無色界有。「分」謂三有之因。唯有如來藏恒而不斷，非因他有，本來自在，能遍至三界六道，故有分識定是如來藏，是三有之因。

前五識不恒，常有間斷，不能為三界有之因。前五識不能遍至三界：初禪三天無鼻舌識故；二禪天以上五識皆無；無色界天不唯無五識，有時意識亦無；意識若現，往往便致升墮。第七末那雖遍三有，然不能執持輪迴三有因種，非三有之因，非「有分識」。唯有無覆無記性之如來藏能執持輪迴三有之因種，故「有分識」者即是如來藏也。

故《雜阿含，央掘魔羅經》卷四，佛云：「又如來藏者極為難得，世間無有如是難得譬類如來之藏。當疾觀察如是如是意樂著諸惡者。比丘！自性淨心，心習惡，知『識』過，五垢為首，衆多煩惱，前後圍繞。云何五垢為本、諸煩惱圍繞？所謂貪欲、瞋恚、睡眠、掉、疑，此五垢壞心。欲淨除五垢本及諸煩惱者，當勤方便。自性清淨心力，當勤方便。及未謗修多羅，未成一闡提，當勤方便，修習自度。**以是義故，說彼心無量客塵煩惱，應當疾疾拔其根本。**

意法前行，意勝法生。

意法淨信，若說若作，快樂自追，如影隨形。

我為聲聞乘說此偈意者，謂如來藏義：若自性清淨意，是如來藏勝一切法，一切法是如來藏。所作及淨信意法，斷一切煩惱故，見我界故。若自淨信有如來藏，然後若說若作；得成佛時若說若作，度一切世間。如人見影，見如來藏亦復如是，是故說如影隨形。」

前引阿含經中，佛云如來藏自性清淨，是一切法的殊勝根本，一切法皆是如來藏所生，故如來藏又名一切法。一切真悟之人，於悟後皆能見此如來藏與五蘊和合運作，是故悟後生起意法淨信，「若說若作，快樂自追，如影隨形。」悟者讀此，必定會心微笑，若讀佛示此語而不能會心微笑，即是錯悟，名未悟凡夫。

佛於阿含經聲聞法中，已曾多處密意說有如來藏，然二乘人多不知其密意。今有大乘法中出家之法師，唯知推崇阿含經中緣起性空二乘之理，謂為究竟。不知佛於聲聞緣起性空之方便法中，已密意說有客塵煩惱所染而自性清淨之真實如來藏，是一切法之所依。乃竟將唯識究竟一切種智、能成佛道之究竟法說為方便法；將二乘緣起性空，唯能成就阿羅漢辟支佛之方便法說為究竟法，何乃顛倒以至於斯？令人感嘆！

第十六章　依小乘說一切有部增一阿含經證有如來藏

小乘說一切有部，其《增一阿含經》中，密意說有「愛阿賴耶，樂阿賴耶，欣阿賴耶，憙阿賴耶。」

謂阿賴耶識起七轉識見分故貪，因見分貪三世境故貪。於三世一切時，因見分貪取知覺，不自覺地執著貪戀有一不生死、而能知能覺的自內我，恒生見分及內外相分，不樂寂滅，名為愛阿賴耶，因此輪迴生死。

有情不自覺地喜樂有一不生死之心，能從過去世來至今生。有宿命通者能證知有過去世，故知有此心而不能證得。有宿命通之鬼神亦能告知人們：確有過去世；既有過去世，必有一能從過去世來至今生之心。雖然誤將見聞覺知之心、或中陰身（外道所謂之靈魂）認作阿賴耶，然不妨由宿命通而證實有此心。喜樂有此不生死之心，名「樂阿賴耶。」

既知有一不生不死，能跨越三世之心在於身中，便不自覺地欣喜現在身中有一不生滅之心，是名「欣阿賴耶。」

小乘經中亦說有情於三界無常中，臨老或臨命終時，心喜有一不生死之自內我，能於死後往至來世，名之曰「憙阿賴耶。」

一切有情及世間宗教，皆執有不生死之自內我，或名神性、或名神我、或名實我、或名勝性、或名能量、或名神靈、或名聖靈、或名靈魂、或名造物主、或名梵我、或名上帝、或名虛空我、……然此諸有情及諸宗教，或以靈知明覺心為不生滅心；或作賤自我，將身中之如來藏否定，執自身中之如來藏體性為神之奇跡，謂神與我常在；或寄情於幻想所得之虛空中之能量、勝性，作為不生滅之真我。此皆邪見，不出六十二外道見。

世尊云：「愚夫依七識身滅，起斷見；不覺識藏故，起常見。」未悟凡夫中之利智者，能知七識身，知其非真，然因不能知見如來藏故，落於斷見。凡夫愚人雖依鬼神或有宿命通者之說明，信有如來藏，但覓不著如來藏，便誤認明覺靈知心等為不生滅之真我，由是起大我慢。不知此心斷滅非常，乃世間我，不能入無我之門。此非第一因，是故佛說：「受無因論，則起常見。」

如來藏行相微細，難以證知，故證悟者少。復因佛誡，不許明言，證悟者若知佛誡，皆不敢明說。故佛門內之心外求法者，因不能證得如來藏故，便隨諸信仰一神教之佛學研究者語，誹謗如來藏，學人言語云：「如來藏思想非佛說。」

以上五章列舉小乘經典密意，證有如來藏。小乘經既是佛說，而其中密意說有如來藏，故如來藏思想真是佛說。儒家學者唯知人間善法，一神教學者唯知欲界天法而未全知，何況色界及無色界法？更不知涅槃之理，何能解知利根菩薩所悟之如來藏智慧？故如來藏系唯識經典真是佛說，不應因無力修證而謂為人之虛構。

所以者何？證悟之人欲正確解說如來藏系唯識經典，猶非易事，何況錯悟凡夫能創造之？唯有地上菩薩乘其輪寶，面見報身佛，親從佛聞，方能記錄成經，於人間宣揚。此地上菩薩欲完全正確解說其義，猶有困難，何況能創造之？愚痴凡夫更不能造。故一切人，不應因自己無能親證及理解，便否定如來藏系唯識經典，謗為非佛說；否則豈僅愚痴，亦乃斷絕未來證悟之因，寧非愚中之愚？

第十七章　依小乘阿含經密意證有如來藏

小乘《雜阿含卷六，第一三六經》原經全文如左：

《如是我聞，一時佛住舍衛國祇樹給孤獨園。爾時世尊告諸比丘：「於『何所』是事有故？『何所』起？『何所』繫著？『何所』見我？諸比丘！令彼衆生無明所蓋，愛繫其首，長道驅馳，生死輪迴，生死流轉，不知**本際**？」諸比丘白佛：「世尊是法根、法眼、法依。善哉世尊！唯願哀愍，廣說其義，諸比丘聞已，當受奉行。」

佛告諸比丘：「諦聽善思，當爲汝說。諸比丘！色有故，是色事起。於色繫著，於色見我，令衆生無明所蓋，愛繫其首，長道驅馳，生死輪迴，生死流轉。受想行識亦復如是。」

「諸比丘！色是常耶？爲非常耶？」答曰：「無常，世尊！」復問：「若無常者是苦耶？」答曰：「是苦，世尊！」「如是，比丘！若無常是苦，是苦有故是事起，繫著見我，令彼衆生無明所蓋，愛繫其首，長道驅馳，生死輪迴，生死流轉。受想行識亦復如是。」

「是故諸比丘！諸所有色，若過去、若未來、若現在、若內若外、若粗若細、若好若醜、若遠若近，**彼一切非我，非異我，不相在**。如是觀者是名正慧。**受想行識亦復如是**。」

「如是見聞覺知，求得隨憶、隨覺、隨觀：**彼一切非我，非異我，不相在，是名正慧**。若有見言：『有我，有此世，有他世，有常，有恒，不變易』，**彼一切非我，非異我，不相在，是名正慧**。若復有見：『**非此我，非此我所；非當來我，非當來我所；彼一切非我，非異我，不相在**』，是名正慧。」

「若多聞聖弟子，於此六見處觀察非我、非我所；如是觀者，於佛狐疑斷，於法僧狐疑斷，是名比丘不復堪任作身口意業、趣三惡道。正使放逸諸聖弟子，皆悉不從向於三菩提，七有天人往生，作苦後邊。」佛說此經已，諸比丘聞佛所說，歡喜奉行。》

略釋：以上恭錄《雜阿含卷六第一三六經》如是說有本際，第一一〇經等亦如是說有本際，本際即是如來藏，非斷滅空也。茲大略解釋此經，佛子對照經文讀之，便知佛意：

世尊開示諸比丘：「什麼處所是世間一切事業之所以會有的原因呢？這一切事業是從什麼地方現起的呢？又是被什麼束縛？因什麼處所而認為有我？諸比丘們！是什麼使得那些眾生被無明所遮蓋，而愛護頭目手足、在遙遠漫長的生死路上奔走及生死輪迴？是什麼使得他們流轉生死而不知本來的實際呢？」

諸比丘向佛稟白說：「世尊！您是正法的根本、正法的眼目、正法之所依。善哉世尊！唯願哀愍，廣說其義，諸比丘聞已，當受奉行。」

佛開示諸比丘：「詳細用心的聽著，聽後還須善於思惟，我現在就為你們解說。比丘們啊！因為有色身的緣故，這個色身的一切事業就現起了。對色身執著而被束縛於色身之內，誤認色身就是我，而使得眾生被無明所遮蓋，愛護頭目手足而被束縛；在漫長的生死之路上，不斷的東奔西走，因而生死流轉。眾生對其他四蘊—受想行識的錯誤認知而執著，因此被束縛而生死輪迴，也是一樣的道理啊！」

「諸比丘們！色身是常？還是非常呢？」答曰：「色身是無常，世尊！」佛又問：「如果是無常的話，是不是苦呢？」答曰：「無常是苦，世尊！」佛說：「正是如此。比丘們！如果是無常的話，那就是苦。因為色身無常的苦存在的緣故，所以眾生所造一切事業就出現了。因誤認色身是我，而被這種錯誤的見解所束縛，使得那些眾生被無明所遮蓋，愛護頭目手足，而驅馳於漫長的生死之路，於三界六道生死輪轉。對於受想行識四蘊的錯誤認知所產生的執著束縛，導致生死輪迴，也是一樣的道理。」

佛接著又說：「諸比丘們！所有的色法：或者是過去的、或者是未來的、或者是現在的、或者是內色法、或者是外色法、或粗或細的色法、或美或醜的色法、或遠或近的色法，這一切色法都不是『我』，也不能說不是『我』。因為『我』不在色法中，色法也不在『我』中。若『我』在色法中，把肉身割開，應可以找到在色身中的『我』；但是割開肉身，卻找不到有一個『我』在肉身中，所以肉身不是『我』。若說肉身不是『我』，卻又有個『我』在色身中安住，所以也不可說色身不是『我』，這個『我』無形無相，所以不能說『我』在色身中，也不能說色身在『我』中，『我』與色身不相在。能如此觀察的人，名為真實的智慧。」

「受想行識四蘊也是一樣：譬如識蘊，眼耳鼻舌身意六識及末那識—見聞覺知而能作主的心；若說這心是『我』，分析這識蘊七識的心，卻找不到『我』，所以這七識心不是『我』。若說七識心不是『我』，明明卻有個『我』與七識心配合運作。不可以說七識心不是『我』，因為七識心由『我』而生。也不可以說七識心是『我』，七識心中的知覺心是間斷無常故，作主心是變易生滅故。不可說識蘊見聞覺知能作主的心在

『我』中，也不可說『我』在識蘊見聞覺知能作主的心中。那識蘊妄心都不是『我』，『我』與受想行識知覺作主的心是互相在一起，而不是四蘊在『我』之內，也不是『我』在四蘊之內，所以是不相在的。對受想行識應當如此觀察，這才是真正的智慧。」

「我們日常生活中，能見、能聽、能覺的識，於睡眠等五種狀態以外的時間，一直不斷地追求各種境界相（色聲香味觸等法，佛子則追求定境法塵相），求得之時隨著六塵相而憶想、覺知、觀照。然而這憶想、覺知、觀照的心，以及和祂相對的一切境界相，都不是『我』，也都不離『我』。不可說這些心是『我』，也不可說祂們不是『我』，因為這一切能憶能知能觀的心和境界相，都是從『我』而生的。但是卻不相在──不是『我』包藏在能憶能知能觀的心和境界相中，也不是能知能憶能觀的心和境界相等包藏在『我』中。能如此觀察而實際證實的人，就是證得真正智慧的人。」

「如果有人這樣認為：『真實有一個不生不滅的我，有一個真我可以從過去世來至今生，將來又能去到未來世，有一個真實的我，是常、是恒、是不變易的。』而其實那都是見聞覺知的分別心和境界相所組合的五蘊我而已。這五蘊我不是真實的『我』，但也不能說與『我』不相干，因為祂們與『我』一直都在一起，而又不互相包藏。能如此觀察而實際證實這道理的人，就是證得真正智慧的人。」

「如果另外有人這樣認為：『色身及受想行識四蘊所成的覺知憶念心及相應境界等，都不是真實的我，不是真我的所在—無形色故，無所在。五蘊和相應境相也不是未來世的真實的我，這一切與真我不相在。』能如此觀察而實際證實這道理的人，稱為見到真正的智慧。」

「如果是常常聽聞佛法的已見道佛子，於眼耳鼻舌身意六識之六入六處深入觀察，知道眼等六處六入及相應境界等心非真實我，非真我所在。如是真實觀察的人，能知真我之本際無我、亦無我所，而證得空性。這種人對佛不會起狐疑之心，對法僧也不會起狐疑之心，疑見永斷，這種比丘，身心都不再能勝任造作三惡業而往生三惡道。已經如此真實觀察，並證實這道理的聖弟子們，即使他們如此見道以後便生放逸心而不精進修行，全都不精勤修行正覺，最多不過歷經七次的天上人間往來受生，就到了苦的最後邊際而得解脫。」佛說此經已，諸比丘聞佛所說，歡喜奉行。

由阿含此經便證實有如來藏，只是方便說為「我」，不說為如來藏。世尊反復說明這個真實的我，不同於色身的我，不同於四蘊憶想知覺的我，說之為本際。

最後則又叮嚀一遍：五蘊能憶能知能觀的心及相對而生之一切境界相，皆不是「我、我所」。既然吾人五蘊身心及時時面對之境相皆非我我所，而證得這種無我的人，就算是懈怠放逸的人，也能歷經七次的天上人間往來受生而得解脫，出離三界；這就是聲聞鈍根初果人。

試問：吾人能憶能知能觀的五蘊身心既然「非我、我所」，應同斷見外道論議；然佛卻云此中有一非五蘊身心，非能憶能知能觀的心，名為「我，本際」，能於七次天上人間往來之後而得解脫。故云「彼一切非我，非異我，不相在。」當知此一「非我、非異我、不相在」的本際，即是大乘如來藏系唯識經典所說之如來藏也。

然此「我之本際」非外道所說的我，亦非未真實證悟者所說之「真如、真心」，此諸人等所「悟」之本際，無異常見外道論議，詳閱拙著《正法眼藏—護法集。生命實相之辨正》及本書附錄二：〈真假開悟之簡易辨正法〉即知。

阿含此經乃佛不問而說，並重複多次而說，皆有記錄，計有第一一〇及一三三至一四四經等十三經，皆如是說。此諸經等既同時說明外道所說不滅之真我是五蘊所成，其實非我；又顯示出五蘊身心所成之假我以外，另有一個無我的真實心，於七次人天往返之後能至涅槃，名為本際，當知必有如來藏。

只因聲聞人定多慧少，性喜除性障，樂出離三界，不樂求微妙智慧，不能為他們解說如來藏唯識深奧之理，是故只以密意而說，名為「我」或「當來我」，或「非我，非異我，不相在」之「本際」。由此可證如來藏思想真是佛說。

第十八章　依小乘阿含經佛說四食證有如來藏

《長阿含》卷八第九經《衆集經》佛云：「諸比丘！如來說一正法：一切衆生皆仰食存。……復有四法，謂四種食：摶食、觸食、念食、識食。……復有四法：謂四識住處；色識住，緣色住，色與愛俱增長。受想行識中亦如是住。」

《阿含部、大集法門經》卷上，尊者舍利子云：「復次，四識住是佛所說。謂色生、色緣、色住，喜行廣大增長，是識所住。受生、受緣、受住，喜行廣大增長，是識所住。想生、想緣、想住，喜行廣大增長，是識所住。行生、行緣、行住，喜行廣大增長，是識所住。如是等，名為四識住。」

《長阿含》卷二十《世記經、忉利天品》：「佛告比丘：一切衆生以四食存。何謂為四？摶、細滑食為第一。觸食為第二。念食為第三。識食為第四。彼彼衆生所食不同。閻浮提人種種飯麵魚肉以為摶食，衣服洗浴為細滑食。……四天王、切利天、焰摩天、兜率天、化自在天、他化自在天，食淨摶食以為摶食，洗浴衣服為細滑食。自上諸天以禪定喜樂為食。何等衆生觸食？卵生衆生觸食。何等衆生念食？有衆生因念食得存，諸根增長，壽命不絕，是為念食。何等識食？地獄衆生及無色天是名識食。」

西天護法菩薩等十大論師，皆依以上所舉佛說「一切有情皆依食住」而各有闡釋，然或有解釋而不究竟者，或有究竟而未圓滿者。唯有唐三藏法師玄奘菩薩將十大菩薩之論，糅譯為一論，圓滿究竟，放諸四大天下，垂之後世萬劫，無有能破之者；唯能發揚光大，增益其光輝耳。茲將其所述關於四食部份翻譯如後，證有如來藏：

玄奘菩薩論曰（以下簡稱論曰）：又契經說一切有情皆依食住。若無此識，彼識食體不應有故。

譯曰：而且阿含諸經佛說「一切有情衆生皆依於食，才能於三界六道生存安住。」如果沒有此阿賴耶識—如來藏，則佛說「識食」之本體識就不應當有。若無「識食」之本體識，則不應有「識食」，然佛說有「識食。」

論曰：謂契經說食有四種：一者段食，變壞爲相。謂欲界繫香味觸三，於變壞時能爲食事。由此色處非段食攝，以變壞時色無用故。

譯曰：意謂佛所說諸經，開示食有四種：第一種是段食。此食為固體狀，或段或團，如吾人所食飯麵蔬果等。此類段食摶食，以變化腐壞為其食相。也就是說：凡是被欲界五塵所繫縛的有情，由於摶食（團食）的飯麵蔬果香，酸甜苦辣味，及堅軟脆滑觸等，加上咀嚼及唾液混合，而使三塵和合，受此香味觸三塵為樂，吞嚥消化變壞的過程，能資養色身及八識心行，而成就食之事行業用。由這個道理，說自身的色處十一法不屬於段食所攝，因它們在變壞的過程中，不能成就有情自身的食的業用。

論曰：二者觸食，觸境爲相。謂有漏觸，纔取境時，攝受喜等，能爲食事。此觸雖與諸識相應，屬六識者食義偏勝。觸粗顯境，攝受喜樂及順益捨，資養勝故。

譯曰：第二種是觸食，以接觸五塵境諸法為其食相。意謂未見道者之有漏觸，從攝取領納五塵境之第一刹那起，便攝取喜悅、憎惡、不喜不憎等覺受，能成就觸食之業用。這觸雖與八個識皆相應，但卻以和六識相應的觸心所的食、其成就觸食的道理比較殊勝，因為這六轉識能接觸粗大明顯的境界，能攝受喜樂及順益身心的捨受，資養身心的作用比較殊勝的緣故。第八識雖觸外境，然不分別及見聞覺知，不領受喜樂憎惡及不喜不憎的捨受，故觸食之業用不明顯。第七識則恒緣現境，對所樂境及曾習境不起接觸作用，不生憶念及欣欲心，故其觸食業用雖略勝第八識如來藏，卻顯然不及六轉識，故觸食之業用，以六識之觸食偏勝。

論曰：三、意思食，希望爲相。謂有漏思與欲俱轉，希可愛境，能爲食事。此思雖與諸識相應，屬意識者食義偏勝，意識於境希望勝故。

譯曰：第三種是意思食，以希望為食相。意謂未見道人之思心所及欲心所同時運作，希求可愛之境界，成就意思食之業用。欲因思有，此思雖與八識心王悉皆相應，但與意識相應的思心所而產生的意思食的業用特別殊勝，因為意識對於順心之境的希望心特別強烈的緣故。

論曰：四者識食，執持爲相。謂有漏識由段觸思，勢力增長，能爲食事。此識（食）雖通諸識自體，而第八識食義偏勝，一類相續執持勝故。

譯曰：第四種是識食，以能執持為其食相。意謂未悟之人，其有漏識由於段食、觸食、意思食的不斷熏習，使得勢力增長，成就識食執持的業用。這識食雖然通八識自體，而以第八識如來藏的識食業用特別殊勝；因為七轉識對於段食、觸食、意思食的不斷熏習，必產生思心所、欲心所、念心所，亦必增長第八識如來藏中所不斷執持的各類有漏法種子，因而成就識食，不能出離三界。唯有真悟之人，能於悟後歷緣對境修斷四種食的勢力增長，使如來藏不再執取有漏法種，漸漸清淨而出三界，識食斷故。

論曰：由是集論說此四食，三蘊五處十一界攝。此四能持有情身命，令不壞斷，故名爲食。

譯曰：由於這個道理，雜集論說這四種食，由三蘊五處十一界所涵攝。三蘊者：段食屬色蘊，觸食及意思食屬行蘊，而通一至七識。此三食皆不離第八識之識食。識食屬識蘊，雖通一至七識，而以第八識如來藏的執藏業用特別強烈，成為識食的主體。在十二處中：段食屬於香味觸三處，主要由鼻舌身三識相應；觸食及意思食屬於法處，前六識相應極強，末那次之；識食屬於意處，前六識相應微弱，末那稍強，第八識相應強烈。在十八界中，四食雖與八個識皆相應，但有強弱不同，故分屬十一界所攝：段食由香味觸三界所攝，觸食及意思食由法界所攝，識食由一至七識所攝。這四種食能受持有情色身及命根，使得色身及命根不會敗壞，壽命果報未到應終了時，不會斷滅，所以說名為食。

論曰：段食唯於欲界有用。觸、意思食雖遍三界，而依識轉，隨識有無。眼等轉識有間有轉，非遍恒時能持身命。謂無心定、熟眠、悶絕、無想天中，有間斷故。設有心位，隨依所緣性界地等有轉易故，於持身命非遍非恒；諸有執無第八識者，依何等食，經作是言「一切有情皆依食住」？

譯曰：四食中之段食，只有對欲界的有情才可能產生食的作用。觸食及意思食，雖然遍三界九地的衆生都有這二種食的功用，但他們卻是隨著八個識之有心現起而有、或無心現起而無。這意思是說：八識中的前七識、或有間斷、或有轉易，不能持續不斷的執持身根命根。也就是說：在進入無心定時、熟睡無夢時、昏迷悶絶時、生到無想天中時，或眼等六識間斷、或末那識之受想間斷，於此四位中，不能持身命，則於此四位中持身命者必是第八識如來藏。唯有識食—與第八識如來藏相應的食，是遍三界恒有的；唯有識食於此四位中能持命根身根—此四位中之有情，以此識食故，身根命根不壞。既有識食，則必有與識食相應之識，即是第八識如來藏。

眼等六識即使是有心位，也不是永不間斷的存在，而是隨著祂們的俱有依根而有無、隨著祂們的所緣境而在善、惡、無記性及三界九地之內而時有時無，第七識則於滅盡定時止息受想心行，祂們不能遍三界九地恒時不斷維持身根與命根。那些執著沒有「如來藏」的人們，請想一想：入無心定、熟眠、昏迷、生無想天等四種狀態中，既無眼等七識相應之食，則六識斷已、及末那止息時，若無如來藏識食持身不壞，則應如老人壽盡命終一般，睡著即死或入定五天十天而死。然此位中有情不死，因識食故—以第八識如來藏之心行為食，故知定有如來藏。若無此識食之本體—如來藏阿賴耶識，則阿含經依哪一種食而這樣說：「一切有情皆依食住」？

論曰：復不可說：「上界有情身命相持，即互為食。」四食不攝彼身命故。又無色無身命，無能持故。

譯曰：也不可說：「色界及無色界的有情以有根身執持命根，或以命根執持有根身，身命相持而成就食的功用。」因為佛只說有四種食，不曾說過有壽命食或身根食。而且壽命與身根是依四食而有，非能自有。此外，無色界的有情既沒有色身，如何以色身做為命根的食？既沒有身根，如何以身根來執持命根？

論曰：由此定知異諸轉識，有異熟識一類恒遍，執持身命，令不斷壞。世尊依此故作是言：一切有情皆依食住。

譯曰：由這些道理必定可以知道：不同於眼等七種轉易之識，別有一種異熟性的識──如來藏，是無覆無記性一類的心，祂永遠常時不斷的執持有情的命根與身根──生在欲界中能持身命、生在色界也能持身命、生在無色界則能持命根。使得有情身命於壽未當盡時，即使昏迷，或入無心定（無想定、滅盡定）很久也不會死亡。世尊依此道理而說有四種食，說「一切有情皆依食而安住。」

由以上唐三藏法師玄奘菩薩闡釋之理，亦可證知如來藏之真實有，故不應否定如來藏系唯識經典；唯有未證得如來藏之人，才會批判如來藏思想，誣為非佛說。

第十九章　依小乘雜阿含央掘魔羅經證有如來藏

摘錄《雜阿含部第一二〇經—央掘魔羅經》經文：

爾時尊者滿願子來詣佛所，頂禮佛足，卻住一面。見央掘魔羅，心大歡喜，以偈歎言：

善哉修勝業　我今發隨喜
爲一切衆生　安慰演說法

爾時央掘魔羅以偈問言：

如來稱歎汝　說法中第一
云何說法者　云何爲知義
唯願說法上　時爲決所疑

爾時滿願子以偈答言：

諸佛及聲聞　聖所不得法
正覺善通達　廣爲衆生說

「此說有何義？謂過去一切諸佛，於一切法中極方便求，不得衆生界及我人壽命；現在未來一切諸佛及三世一切聲聞緣覺，於一切法中極方便求亦悉不得。我亦如是爲衆生說：離衆生界我人壽命。說無我法，說空法，如是說法。」

爾時央掘魔羅謂滿願子言：「嗚呼滿願！修蚊蚋行，不知說法。哀哉蚊蚋，無知默然。不知如來隱覆之說：謂法無我。墮愚痴燈，如蛾投火。諸佛如來所不得者：謂過去一切諸佛世尊，於一切衆生所，極方便求無如來藏不可得。現在一切諸佛世尊，於一切衆生所，極方便求無我性不可得。未來一切諸佛世尊，於一切衆生所，極方便求無自性不可得。三世一切聲聞緣覺，於一切衆生所，極方便求無如來藏亦不可得。此是如來偈之正義。」

「復次，諸佛如來所不得者：謂過去一切諸佛世尊，於一切法極方便求世間之我如拇指、粳米、麻麥芥子、青黃赤白方圓長短，如是比種種相貌；或言在心、或臍上下、或言頭目及諸身分、或言遍身猶如津液，如是無量種種妄想；如世俗修我，亦言常住安樂蘇息；如是比我，一切諸佛及聲聞緣覺悉皆不得。正覺彼法，爲衆生說。此是如來偈之正義，非如汝向妄想所說。」

「復次，諸佛如來所不得者：謂過去一切諸佛世尊，極方便求如來之藏作不可得；如來性是無作，於一切衆生中無量相好，清淨莊嚴。現在一切諸佛世尊，極方便求如來之藏作不可得；如來性是無作，於一切衆生中無量相好，清淨莊嚴。未來一切諸佛世尊，極方便求如來之藏作不可得；無作是如來性，於一切衆生中無量相好，清淨莊嚴。」

「三世一切聲聞緣覺，有如來藏而眼不見，應說因緣。如羅睺羅敬戒故，極視淨水，見蟲不了爲是蟲？爲非蟲？爲是微塵耶？久久諦觀，漸見細蟲；十地菩薩亦復如是，於自身中觀察自性，起如是如是無量諸性種種異見。如來之藏如是難入，安慰說者亦復甚難，謂於惡世極熾然時，不惜身命而爲衆生說如來藏；是故我說諸菩薩摩訶薩，人中之雄，即是如來。如阿那律天眼第一，眞實明見空中鳥跡，與肉眼者俱共遊行，彼肉眼者所不能見；信阿那律，知有鳥跡。肉眼愚夫、聲聞緣覺，信佛經說有如來藏，云何能見佛境界性？聲聞緣覺尚由他信，云何生盲凡夫而能自知、不從他受？」

「我聞先佛稱說：此地於劫初時有四種味，彼時衆生食四味者于今食土，以久習故今猶不捨。曾於過去諸如來所、修如來藏者亦復如是，久修習故，今猶信樂，長夜修習，報如來恩。又於未來說法者所，聞如來藏，聞已信樂如彼食土，非餘衆生。彼信樂者是如來子，報如來恩。譬如梟鳥，從久遠來，無有慚愧，不報恩養，以宿習故今猶不捨。彼諸衆生亦復如是，過去世時無有慚愧，已無慚愧、今無慚愧、當無慚愧：聞如來藏不生信樂，已不信樂、今不信樂、當不信樂。譬如猿猴形極醜陋，常多驚怖，其心躁動如水湧波，以宿習故今猶不捨；彼諸衆生亦復如是，去來現在心常輕躁，聞如來藏，不生信樂。如鵄鵂鳥晝盲夜見，好暗惡明；彼諸衆生亦復如是，好邪惡正，不樂見佛及如來藏，去來現在不生信樂，如彼鵄鵂好暗惡明。如人長夜修習邪見，染諸外道不正之說，以宿習故今猶不捨；彼諸衆生亦復如是，久習無我隱覆之教，如彼凡愚染諸邪說，去來現在不解密教，聞如來藏不生信樂，非餘衆生。」

「若人過去曾值諸佛，供養奉事，聞如來藏，於彈指頃暫得聽受；緣是善業，諸根純熟，所生殊勝，富貴自在。是諸衆生今猶純熟，所生殊勝，富貴自在。由彼往昔曾值諸佛，暫得聽聞如來藏故，於未來世聞如來藏，當復信樂，如說修行，諸根純熟，富貴自在，色力具足，智慧明達，梵音清淨，莫不愛樂。或作轉輪聖王、或爲王子、或爲大臣，賢德具足，離諸慢恣，降伏睡眠，精勤修學，無諸放逸，及餘功德悉皆成就。或爲釋梵護世四王，斯由曾聞如來之藏功德所致，身常安隱，無病無惱，壽命延長，人所愛敬。具足聽聞如來常住大般涅槃甘露之法，堅固安隱久住世間，隨順世間而共娛樂。知諸如來不從欲生，廣爲世間開示演說。以此智慧功德利益，在所生處，子孫衆多，父母長壽，常受人天一切快樂，族姓殊勝，悉皆具足，斯由聞知一切衆生悉有如來常住藏故。未來現在天上人中，一切快樂，常得具足，由聞如來常住藏故。若彼衆生去來現在，於五趣中支節不具，輪轉生死受一切苦，斯由輕慢如來藏故。若諸衆生歷事諸佛，親近供養，乃能得聞如來之藏，信樂聽受不起誹謗。若能如實安慰說者，當知是人即是如來。」「若諸衆生多背諸佛者，聞如來藏則生誹謗，彼諸衆生自燒種子。嗚呼！苦哉！苦哉！不信之人，於三世中甚可哀愍。諸說法者應如是說，稱揚如來常住眞實。若說法者不如是說，是則棄捨如來之藏，是人不應處獅子座，如旃陀羅不應服乘大王御象。」

「一切諸佛極方便求如來之藏生不可得，不生是佛性；於一切衆生所無量相好清淨莊嚴。一切諸佛極方便求自性不實不可得，眞實性是佛性；於一切衆生所無量相好清淨莊嚴。一切諸佛極方便求自性無常不可得，常性是佛性；於一切衆生所，無量相好清淨莊嚴。一切諸佛極方便求如來之藏無恒不可得，恒性是佛性；於一切眾生所，無量相好清淨莊嚴。一切諸佛極方便求如來之藏變易不可得，不變易性是佛性；於一切眾生所無量相好清淨莊嚴。一切諸佛極方便求如來之藏不寂靜不可得，寂靜性是佛性；於一切眾生所，無量相好清淨莊嚴。一切諸佛極方便求如來之藏壞不可得，不壞性是佛性；於一切眾生所，無量相好清淨莊嚴。一切諸佛極方便求如來之藏破不可得，不破性是佛性；於一切眾生所，無量相好清淨莊嚴。一切諸佛極方便求如來之藏病不可得，無病性是佛性；於一切眾生所，無量相好清淨莊嚴。一切諸佛極方便求如來之藏老死不可得，不老死性是佛性；於一切眾生所，無量相好清淨莊嚴。一切諸佛極方便求如來之藏垢不可得，無垢性是佛性；於一切眾生所，無量相好清淨莊嚴。」

「如油雜水不可得，如是無量煩惱覆如來性；佛性雜煩惱者無有是處，而是佛性煩惱中住。如瓶中燈，瓶破則現；瓶者謂煩惱，燈者謂如來藏。說如來藏者或是如來、或是菩薩、或是聲聞。能演說者，隨其所堪，或有煩惱、或無煩惱；滿願當知，我說是人即是正覺。」

「能破受者億煩惱瓶，然後則能自見其性，猶如掌中見阿摩勒果。譬如日月，密雲所覆，光明不現；雲翳既除，光明顯照。如來之藏亦復如是，煩惱所覆，性不明顯；出離煩惱，大明普照，佛性明淨猶如日月。哀哉滿願，修蚑蚋行，不知說法，宜嘿疾去。」……

爾時佛告央掘魔羅：「汝今當受不歌舞戒。」

央掘魔羅以偈答言：

我常習舞樂　歌乾闥婆偈　宣示如來藏　嗟歎稱善哉

於彼諸佛所　聞如來常住　恒以妙音誦　大乘修多羅

……。

佛告文殊等言：「……我於無量阿僧祇劫恒河沙生，除無量衆生煩惱垢汙，爲諸難事，示如來藏故，生無染污身。」

……「我於無量阿僧祇劫恒河沙生，爲無量衆生諸天及人，如法演說清淨如來藏法故，生此無所有身。……我於無量阿僧祇劫恒河沙生，爲一切天人，說如來藏如虛空鳥跡，令佛性顯現故，生不可見身。我於無量阿僧祇劫恒河沙生，轉無量衆生諸天及人『執無我見』，示以難見如來藏，生一切衆生難見之身。」（餘不一一枚舉）

如上所錄《央掘魔羅經》中，處處說有如來藏，此經係小乘阿含所攝。非議大乘經者既服膺阿含四部所說，一切皆依阿含四部為準，而阿含四部處處密意說有如來藏，此經又明說有如來藏，即應誠信如來藏思想真是佛說。而諸如來藏系大乘唯識經典所說如來藏之深細別相，遠非《央掘魔羅經》及阿含諸經之所能及；豈有較淺易者為佛所說，而更深妙之佛法為非佛說之理？

佛子四衆及外道中之佛學研究者，彼等之所以否定如來藏思想者無他，皆因未親證如來藏故，不能證解佛所說「三界唯心，萬法唯識」之理。不解之故，便將之視為佛學而非佛法，因之非議或否定如來藏思想。

憶昔世親論師專弘聲聞法，非議摩訶衍（大乘）時，名震天下，如日中天，無有能當者。後其兄無著菩薩以其親承彌勒菩薩之教理而懇切開示之，世親菩薩方知大乘唯識如來藏思想乃佛法中最究極之理，方知以前誹謗或非議大乘如來藏思想之過罪無量無邊，乃欲割舌謝罪。然無著菩薩告以此罪乃地獄多劫之罪，非一生割舌之所能除，乃勸其痛悔前非，以原先誹謗大乘之舌，轉而護持大乘，弘揚大乘。世親菩薩此後乃廣說大乘如來藏唯識甚深之法，並迴向往生極樂。

今者無智之人，眼見前車傾覆故事，不肯引以為鑑，竟故意引導他人重蹈前車覆轍，欲引廣大佛子隨其邪說同入地獄；斥為愚痴無智，實不為過。故一切佛子應信大乘經真是佛說，如來藏思想真是佛說。

第二十章　依大乘遣相般若空理證有如來藏

平實云：大乘遣相般若空之真實理，不離無我空性之如來藏。若離無我空性之如來藏，即同斷見故。

大乘般若空，遣除一切法相；佛甚至說自己說法四十九年，不曾說著一個字。大般若經總有十六會，二七五品，共六百卷，遣除一切法，令菩薩能得解脫。

第六百卷中，佛甚至開示：「善勇猛，若於諸法無著無縛，如何於法可說解脫？善勇猛，無著無縛亦無解脫，離繫清涼，名眞解脫。善勇猛，若於諸法無執著者，則無繫縛。若於諸法無繫縛者則無解脫，遠離三事，離繫清涼，名眞解脫。善勇猛，如是菩薩悟入諸法無著無縛，亦無解脫，得眞智見修行般若波羅密多。善勇猛，若諸菩薩能如是行，鄰近無上正等菩提，速能證得一切智智。」

若無解脫，誰修解脫？誰得解脫？誰安住解脫？佛復為誰說有解脫而不著解脫？佛子當知：必有五蘊七轉識隨佛修學般若解脫，五蘊七識證知自身虛妄，不執五蘊七識之自我，而轉依無覆無記性之如來藏，不認七識為自內我。如來藏無覆無記故，本性清淨故，本來解脫；五蘊七識依之而修，修至最後亦不執著如來藏。

以證得如來藏故，多世熏習此般若現觀、或盡此一生熏習此般若現觀，使本性清淨之如來藏中含藏七識異熟果種不再現起，捨報後便不現起中陰，亦不受三界一切繫縛，七識之等流種不再現行，唯餘離見聞覺知、無覺無觀之如來藏空性，本性清淨，無形無相，不再因七識種子流注而受中陰身及未來世五蘊，便出三界。

證悟之人若執有如來藏之本來解脫，不能捨離對於所證如來藏之執著，則七識種之流注不斷，依舊不出三界，即名「執圓成實性」，不入菩薩阿羅漢位。若執有如來藏之本來解脫，則是有我——斷我見而未斷我執，是第七識作用，非究竟無我法，不出三界。如來藏本性清淨、無覺無觀，不自覺有繫縛，不自覺有解脫；皆因五蘊七識，故有解脫法可得，若除五蘊七識對自身及對如來藏之執著，便得解脫。解脫已，無有解脫者，唯如來藏本性清淨、無覺無觀，而無七識染汙種子現行，故捨報後無有中陰身現起，亦不生無色界，如來藏因而不再隨末那識出現於三界中而已，非無如來藏也。

世間之有如來藏，皆因五蘊七識而現；若離五蘊七識相應之煩惱，如來藏便不出現於三界六道中。然不可謂阿羅漢入無餘依涅槃，其如來藏便歸斷滅。

若謂「佛云一切法皆空，解脫亦不可得，故三界萬法皆空，應無如來藏。五蘊亦是緣起性空，五蘊滅後亦無如來藏。」若作此說，則與斷見論者無別，是人不解佛意。若然，則欲出三界者只須自殺、或貪著五欲以待命終即可，不用修行，不必學佛。命終或自殺後五蘊壞已，既無如來藏執持有漏法種，亦無如來藏之七轉識種子流注，則應人人壽盡命終或自殺後皆應同於斷滅，無第八識如來藏再受後有，永離三界輪迴，寧有斯理？

未悟之人每言：「大乘般若空，遣除一切法相後，甚至連般若空法亦遣，一法不立。」然遣除一切法後，非一無所有，非無如來藏空性，否則便同斷見論者，何異斷見外道？

若有人誤解大乘般若空法，而主張無有一法可得，主張「一法不立」者，請問：「一法不立之法，汝立不立？」若立一法不立之法，則是有法，非不立。若不立「一法不立」之法，亦是立，立此一法不立之法故。故「一法不立」之法不成立。以此故知空中有不空者，此不空者如來藏空性也。

如來藏無形無相，故名空性；不分別諸法善惡，亦不分別六塵境界，離見聞覺知，故名本性清淨。然此本性清淨之如來藏空性，含藏染汙之七識種子，故隨業風漂轉，於三界六道中受生，時而生天，或下地獄。或生人間，以否定正法故，復於地獄中現。佛為免除有情生死，故說不執一切法，乃至不執解脫，可出三界，免於輪迴，非謂無如來藏空性也。

復有大師以般若遣相空理，撥無一切法，著書立說云：「一切法空，無因無果，地獄亦空。無有解脫，無解脫法。」此乃誤解般若空法，不解佛意。凡誤導他人，謂一切法空者，果報極重。是故佛說：「若執空見如芥子許，我不許可。」何以故？著有之人能以空見對治，著空之人不可救治；空理不能救彼故。

《楞嚴經》卷八：「琉璃大王、善星比丘：琉璃爲誅瞿曇族姓，善星妄說一切法空，生身陷入阿鼻地獄。」是故佛子莫以般若遣相空理而撥無一切法，須知《金剛般若經》所說者乃是如來藏體性之空，證得如來藏空性後，復須遣除對如來藏空性之執著，方得出三界，故謂解脫已，無解脫可得，非謂一切法空。

是故《雜阿含，央掘魔羅經》卷二有偈云：「如來眞解脫，不空亦如是，出離一切過，故說解脫空。如來實不空；**離**

一切煩惱，及諸天人陰，是故說名空。」

凡執有我，或執一切法空者，皆是破佛正法，故又云：「嗚呼今世人，二人壞正法，謂說唯極空，或復說有我。如是二種人，傾覆佛正法。」是故應當探求般若空所說如來藏空性密意，莫謂識蘊能覺能觀能作主之心是不生滅之真我，亦莫撥無一切法，謂一切法空，否則即成「傾覆佛正法」之罪人。

《雜阿含，央掘魔羅經》卷四，佛云：「復次，文殊師利，如知乳有酥故，方便鑽求，而不鑽水，以無酥故；如是，文殊師利，眾生知有如來藏故，精勤持戒、淨修梵行。復次文殊師利，如知山有金故，鑿山求金，而不鑿樹，以無金故；如是文殊師利，眾生知有如來藏故，精勤持戒、淨修梵行，言我必當得成佛道。復次文殊師利，**若無如來藏者，空修梵行；如窮劫鑽水，終不得酥。**」以此故知佛說空性實非一切法空，於空性中有其不空之體性，即如來藏空性也。若無如來藏，誰出三界輪迴？豈同斷見外道論議謂為解脫？

若誤解四聖諦苦、空、無我、無常之真義，以《中論、中觀》之空而否定如來藏空性者，此人名為不解四聖諦，亦不解中論中觀，未親證第一義故，未證得真如佛性故。故龍樹菩薩於《中論》偈〈觀四諦品〉第廿四頌訶云：

若一切皆空　無生亦無滅　如是則無有　四聖諦之法
以無四諦故　見苦與斷集　證滅及修道　如是事皆無
以是事無故　則無四道果　無有四果故　得向者亦無
若無八賢聖　則無有僧寶　以無四諦故　亦無有法寶
以無法僧寶　亦無有佛寶　**如是說空者　是則破三寶**
空法壞因果　亦壞於罪福　亦復悉毀壞　一切世俗法
汝今實不能　知空空因緣　及知於空義　是故自生惱
諸佛依二諦　爲衆生說法　一以世俗諦　二第一義諦
若人不能知　分別於二諦　則於深佛法　不知眞實義
若不依俗諦　不得第一義　不得第一義　則不得涅槃

俗諦者依世間言語而說四聖諦、般若空、十二因緣、真如佛性也。第一義者，親證真如佛性非即世間言說之如來藏空性義，亦不離世間言說如來藏空性義，方名知空及空因緣，方名真知中道也。

龍樹菩薩《中論》偈中指斥：若謂一切法皆空、無四果、無佛法僧三寶，執一切皆空者，名為破壞三寶。此等著空之人，不唯不解第一義諦，亦乃不解世俗諦，不能解知佛於諸經中之究竟說及方便說，**便將方便法誤作究竟法，執為實有；將究竟法誤作方便法，執為實無**。以此可知，凡批判如來藏唯識思想者，皆非證道之人。阿羅漢辟支佛尚不敢批判如來藏思想，愚痴凡夫竟敢批判，可謂膽大妄為，有智佛子所不應取。

第二十一章　依金剛般若波羅密經密意證有如來藏

大般若經六百卷，其扼要旨意即是《金剛般若波羅密經》，簡稱《金剛經》。此經總有三十二分，分分皆有密意說如來藏，未悟之人所不能知。僅以前十分之摘錄證有如來藏。

法會因由分第一　此分敘明此經是佛說。**此經主旨乃敘述如來藏，若以緣起性空之義解說此法，名為未見道者。若無如來藏，佛所說法成斷見論，何異外道？然佛說《金剛經》中，處處密意說有如來藏，故雖說空，不同斷見外道之空。此分中，幾乎句句皆示有如來藏，悟者稟於佛誡，不敢明說爾。**

善現啟請分第二　佛云：「善男子善女人，發阿耨多羅三藐三菩提心，應如是住，如是降伏其心。」若《金剛經》所說是一切法空，同於外道斷見論者，則佛子降伏妄心，安住不動，精進持戒，專修梵行；與俗人之不降伏妄心，四處攀緣享樂，二者捨報之後有無不同？若無如來藏真心，二者捨報後應無不同，妄心皆滅故。若無不同，則一切人不必學佛，佛亦不須出現於人間。以有不同，故有智者修學佛法，不樂五欲，以捨報後有如來藏隨業受生、或得解脫故。乃云：「應如是住，如是降伏其心。」

大乘正宗分第三　佛云：「所有一切眾生之類，若卵生、若胎生、……我皆令入無餘涅槃而滅度之。如是滅度無量無數無邊眾生，實無眾生得滅度者。何以故？須菩提！若菩薩有我相、人相、眾生相、壽者相，即非菩薩。」此說一切有情眾生，若有緣者，佛皆滅度之。滅度四生三有之無量有情後，實無一有情眾生得度，唯有各各有情之七轉識滅而不生耳。七轉識滅後，如來藏空性不再於四生三有之中現行，名為涅槃，名為得度滅度。如來藏非眾生，故云：「如是滅度無量無數無邊眾生，實無眾生得滅度者。」

眾生者，五蘊和合，分別一切法；末那執五蘊及如來藏體性為我；若證般若空，便解如來藏。五蘊七識等能知我相、人相、衆生相、壽者相；如來藏則無此四相。佛云菩薩若有此四相者即非菩薩。衆生未證悟前，皆不離此四相，若證如來藏空性，方能離此四相，方名菩薩。若無如來藏，菩薩離此四相，便同斷見。

妙行無住分第四　　佛云：「菩薩應無所住行於布施，所謂不住色布施，不住聲香味觸法布施。須菩提！菩薩應如是布施，不住於相。」

菩薩於人間布施時，分明不離色聲香味觸，若離此五塵即無有布施，佛因何云：應離五塵布施？云何又云離五塵布施者其福無量？

學人應知：菩薩以五蘊七識而於五塵中布施時，同時有一不住於色聲香味觸法中而行布施之心；若離此心，菩薩修布施波羅蜜永劫不能成就，此心即是如來藏也，此心不會六入故。若住此心而行布施，則親見布施之時，無施事與施者，亦無受施者，三輪體空，不住五塵而施，方真菩薩也，否則佛成妄說。謂一切布施皆不離五塵六入，故知於色聲香味觸之布施中，有一不住於五塵而同行布施之如來藏也。

如理實見分第五　　佛云：「凡所有相皆是虛妄，若見諸相非相，即見如來。」此段經文，佛說我相、人相、衆生相、壽者相等皆是虛妄，此四相乃由五蘊七識所成，皆非真實。若於此四相之運作中，見到另一個不住於四相中的無相的如來藏，即名為見到如來；如來同此法身故，如來藏無去如去、無來如來故。既於虛妄的一切相中，可以見到無相的如來法身，故知不同斷見外道之一切法空、或一無所有，此即密意說如來藏也。

正信希有分第六　　佛云：「須菩提！莫作是說。如來滅後，後五百歲，有持戒修福者，於此章句能生信心，以此爲實，當知是人不於一佛二佛三四五佛而種善根，已於無量千萬佛所種諸善根。」

舉凡新學菩薩，唯曾於一佛二佛三四五佛而種善根者，於此經章句而生信心，必皆不能以此為實，必皆以此為空。若是已於無量千萬佛所種諸善根之久學菩薩，於此章句而生信心者方能以此為實，方知空中有不空者，乃不以此經所說為空。

如前所述，六識間斷，不能持諸善種來至今生，末那恒內執我，是作主能熏之心，亦是六根所攝，非能持善業種來至今生。既有能信佛說金剛經者，從過去無量千萬佛所種諸善根而來至今生，於佛滅後之最後五百年尚能聞而生信，當知必有另一能持善根種子來至今生（佛住世之時）者，此心亦將持此善種往至正法住世之最後五百年，而於此章句生信，以此為實，不以此為空，當知「實」者即是如來藏也。

無得無說分第七　　佛云：「須菩提！於意云何？如來得阿耨多羅三藐三菩提耶？如來有所說法耶？」須菩提言：「如我解佛所說義，無有定法名阿耨多羅三藐三菩提，亦無有定法如來可說。何以故？如來所說法皆不可取、不可說；非法非非法。所以者何？一切賢聖皆以無為法而有差別。」

得無上正等正覺者，五陰及末那識所得也。如來藏本身無分別、清淨性、無境界、無所有空性，不可謂如來藏於法能有所得。一切法皆從如來藏生故，故佛成道時，其真如法身未曾有無上正等正覺之法可得，本自具足故。

佛陀說法四十九年，非有說法，非無說法；若道佛有說法，法身佛—真如從未說法。若道佛未曾說法，應身佛卻明明說法四十九年。

若道佛說法四十九年，常常說到法身如來藏，祂所說的法—語言、文字，卻又不是法身如來藏。若道法身佛從未說法，其實祂在人間時卻又不斷地在說法，一切真悟之人皆以慧眼能聞。故云：「無有定法如來可說」，謂如來所說法，無所從來，亦無所去。

如來藏能以一言道出，聞者即解，然所說之音聲語言則不是如來藏。若所說表示如來藏之語言即是如來藏，則語言出口時，如來即應現於空中、語聲中，故云「不可說」。

聲聞人若讀《金剛經》，便道一切皆空，無一法可得。緣覺種性者若讀《金剛經》，便道一切法皆緣起緣滅，緣起性空，故無一法可得。菩薩種性之人讀之，便解如來法身無一法可得，然非無法身。故云：「一切賢聖皆以無為法而有差別。」以不證如來藏故，或成聲聞、或成緣覺。以證如來藏故得成菩薩，未來世中永不成為聲聞緣覺種性，將來必定成佛，皆因修學無為法之不同，故有三乘賢聖之差別。

以如來藏故，言有佛可成，彼不斷滅，能至無量數劫後成佛。以如來藏故，言無佛可成，彼真如非蘊，永不成佛故。以如來藏故，言成佛時無有一法可得，本來具足，非從外得故，無所得故。**若無如來藏，三乘一切法皆成戲論。**

依法出生分第八　佛云：「須菩提！若復有人於此經中受持乃至四句偈等，爲他人說，其福勝彼。何以故？須菩提！一切諸佛及諸佛阿耨多羅三藐三菩提法，皆從此經出。須菩提！所謂佛法者即非佛法。」

「此經」者如來藏也，若無如來藏，一切法皆成戲論。如來藏含藏一切法，不唯《金剛經》，一切經法乃至十方諸佛無上正等正覺，莫不皆由此一如來藏出生。故若有人為他人說此經，乃至少到只說一首偈，其福遠勝他人以遍滿三千大千世界七寶布施。然此佛法實非佛法，如來藏真如非佛故，是空性故。若謂佛法，即成世間語言文字，即非如來藏，即非佛法。一切法由真如如來藏出生，故真如如來藏又名「一切法」。依法出生者，依如來藏而生一切法也。

一相無相分第九　佛云：「須菩提！於意云何？阿羅漢能作是念：我得阿羅漢道不？」須菩提言：「不也世尊！何以故？實無有法名阿羅漢。世尊！若阿羅漢作是念：我得阿羅漢道。即爲著我人眾生壽者。」

「十方眾生同一法身」，皆是以如來藏為其本體（非共有一個法身），成阿羅漢道者，乃五蘊及末那識。如來藏真心本身乃無分別性，離見聞覺知，故彼不作是念：「我得阿羅漢道。」五蘊及末那識對自身及如來藏之執著已完全消除，故名無我，亦不自念已得阿羅漢，無阿羅漢可得故。五蘊假有非真，末那識念念生滅變易，非自能在，皆非真實；取涅槃出三界時，五蘊七識皆歸消滅，若無如來藏，是誰修行後能出三界？是誰能證阿羅漢道？

莊嚴淨土分第十　　佛告須菩提：「於意云何？如來昔在然燈佛所，於法有所得不？」「不也世尊！如來在然燈佛所，於法實無所得。」「須菩提！於意云何？菩薩莊嚴佛土不？」「不也世尊！何以故？莊嚴佛土者即非莊嚴，是名莊嚴。」「是故須菩提！諸菩薩摩訶薩應如是生清淨心，不應住色生心，不應住聲香味觸法生心，應無所住而生其心。」

如來藏自身具足一切法，只因煩惱遮蓋，不能顯發，若去煩惱，一切諸法自然漸漸顯現。先除一念無明四住地煩惱，即出三界。後除無始無明塵沙上煩惱而得成佛。成佛之時亦無所得，唯是顯現本具一切諸法耳，故云「於然燈佛所於法實無所得」。若有所得，皆是有境界法、有入出法、有間斷分段之法，即是生滅法，非真成佛也。於真如而言，亦無一法可得，無佛可成；但非斷滅空，否則即成斷見外道法，故知有真如，有如來藏。

又菩薩莊嚴佛土，實無佛土可莊嚴，真佛土者常寂光淨土也。常寂光土即是真如境界，未成佛前名為如來藏（阿賴耶、異熟、菴摩羅），真如非土，唯是真如境界，是名真佛土。《華嚴經》云：「譬如真如，是佛境界。」唯佛與佛乃能知之。此是唯心淨土，非一切有形相法、有物質法、有光影法所能莊嚴。菩薩莊嚴佛土者，乃是淨除一念無明及無始無明而轉變其第八異熟識為無垢識─改名真如，是名莊嚴佛土。如此莊嚴佛土，非世間所謂莊嚴，故云：「莊嚴佛土者即非莊嚴，是名莊嚴。」此名菩薩真正莊嚴佛土。

佛云：「不應住六塵生心，應無所住而生其心。」五蘊身心及末那識皆有所住，不離色聲香味觸法六塵，離此六塵之心方名無所住心。既云無所住心，即非能知能覺等五蘊七識心，既能不落於色聲香味觸法中，不起知覺心，而又時時能生真心，可知於色受想行及七轉識之外，別有一心。此心不在六塵境中攀緣了知，與身同在，與能知能覺心同在，與受想行同在，祂不分別外境內境而時時刻刻不曾間斷地運作；祂本性清淨，不分別善惡美醜，不見不聞不覺不知，卻能隨緣而應，時時生其心，當知即是如來藏也。

菩薩應依如來藏體性而住，不緣六塵內外境界而生其心，淨除一切人我執及法我執，而不應取涅槃。若取涅槃即非無所住而生其心—如來藏不再出現於三界之中，其心不生、不現行，則不能修菩薩道、不能利樂有情、不能成佛也。既云「應無所住而生其心」，可知於能知能覺之心外，另有一個無分別性的、無所住的如來藏，於應緣對境時不斷地生其心，不停地運作，故知定有如來藏。

無所住心乃如來藏心，非能知能覺之心，非寂照中之明覺心，非定中能知能觀、了了常知之心，非能作主之心；此諸心不離五塵境故，即使打坐進入無見聞覺知境界，正是《楞嚴經》所說幽閑法塵境界，住於未到地定而已，與定相應之心皆是有所住心，不離境界分段入出之法，彌勒菩薩說之為「意識相應地」也。有所住心即非空性，境界分段入出之心即非空性；於一切時（睡時醒時、定中定外、悶絕時清醒時、生時死時）皆無所住之心方名空性，永遠不落於境界分段入出法之心方名空性，方名「無所住而時時生心」之真實空性。既云有「應無所住而生其心」之心，當知必有如來藏也。

第二十二章　依般若空之精華──心經──證有如來藏

大乘般若空之精要在《金剛經》，《金剛經》之精華便是《心經》。簡要無比，直指人心，故名《心經》。

《心經》全名為《般若波羅密多心經》。般若華言智慧，波羅密多華言到彼岸，到彼岸者涅槃解脫之彼岸。心者真實之心，不生不滅之心，體如虛空，猶如金剛，無人能壞的心。經者佛為衆生所說契機契理之語言；或紀錄成文字，能有條理地表達佛之教誨，是名為經。《般若波羅密多心經》意即「指導衆生運用智慧到達解脫彼岸的契機契理而解說金剛心空性真理的語言文字。」

如前所述，色受想行及前七識皆非金剛心，不能自在，故《心經》所指之真實不壞心即是如來藏──阿賴耶識、異熟識、無垢識、阿陀那識、種子識、所知依、心。總有七名，略述如下：

一、阿賴耶識：謂有學位之三乘聖人及一切凡夫異生之真實心，雖離能所分別，而仍有能藏、所藏、執藏之體性，攝藏一切雜染法而不喪失，故仍有能引分段生死之有漏種子。

二、異熟識：謂凡夫異生、阿羅漢、辟支佛、一切菩薩，不論分段生死已斷未斷，皆尚有善不善業異熟種，能引生死異熟果報。故二乘無學聖人雖斷分段生死，仍不離變易生死，畏懼分段生死故取涅槃。菩薩阿羅漢或八地以上者，雖斷分段生死，不畏分段生死，以願力故而受後有，現有分段生死，實唯變易生死。大乘無學聖人既證解脱，猶能以願力不取涅槃而受分段生死，乃因其真實心中尚有能引生死異熟果報之種子，故名異熟識。

三、無垢識：佛子歷經資糧、加行、見道（通達）、修道、究竟等五位三大無量數劫之修行，而使凡夫地之真實心中一切有漏法種轉為清淨無漏法種；此第八識為無上清淨諸無漏法所依止故，唯在佛地，方得純淨，故名真如──無垢識。未至佛地不名無垢識，不名真如，仍有變易生死諸異熟種故。禪宗中土諸祖所悟真心乃是阿賴耶識，方便說為真如。西天大迦葉乃至達摩等聲聞阿羅漢迴小向大，修學禪宗之般若禪，而得開悟，乃是悟得異熟識，方便說為真如；大圓鏡智及成所作智尚未現前故。

四、阿陀那識：如來藏於凡夫異生位乃至佛位，皆能執持諸法種子及有根身，使不敗壞，故名阿陀那識。阿陀那者執持之義也。

五、種子識：不分別揀擇而能自動地、普遍地執持一切雜染法及出世間法種子，故名。

六、所知依：見聞覺知心等六轉識、及恒審思量處處作主的末那識，皆依止如來藏、真如──第八識而有。七轉識所能了知之一切法，亦隨同依止如來藏，若離如來藏即不能運作，無異死人，故如來藏又名所知依。

七、心：如來藏由一切善染諸法熏習本有種子而積集構成，故名為心。由有此心，能生三界有情，故名為心。由此心積集一切諸法善染業種，能與共業有情因不可知執受而變現世間，故有世間之成住壞空。能現世間，故名為心。

不但《心經》之經名已顯示有如來藏，經文中更是處處密意說明如來藏，甚至明言如來藏就在身中──不離色蘊而有本心。如來藏者佛所說之般若空性也。故云：「色即是空，空即是色，色不異空，空不異色。」

吾人色身雖由父精母血四大假合而成，若無如來藏安住於受精卵，不能生長成形。色身既由如來藏藉母血中之四大變現而成，故色身之內即有如來藏和合執持而住，故說色身本身即是空性──如來藏；又說空性如來藏即是色身；故說色蘊不異空性如來藏，如來藏空性不異色蘊。未證悟者不明此理，每以思惟所得而用因緣無常、緣起性空之法解釋之，不明佛意也。《雜阿含第一一○經》亦如是說。《佛告火種居士：

「我為諸弟子說：『諸所有色，若過去、若未來、若現在，若內若外，若粗若細，若好若醜，若遠若近，彼一切如實觀察──非我、非異我、不相在。受想行識亦復如是。』彼學必見跡，不斷壞，堪任成就厭離知見，守甘露門，雖非一切悉得究竟，且向涅槃。」》

觀乎上開《阿含經》佛所開示：「色非我、非異我、不相在」，亦完全印證般若《心經》所說，法同一味。

「色即是空」──色蘊即是如來藏空性，「空即是色」──空性如來藏即是色蘊；「色不異空」──色蘊與空性的如來藏沒有不同；「空不異色」──空性如來藏與色蘊亦無不同。此乃阿含所說「非異我」也。

此四句後又說：「受想行識亦復如是。」說受想行識四蘊同於色蘊，亦皆如來藏空性本體所構成，亦即是如來藏空性──阿含所說「非異我」也。

但五蘊與空性如來藏非一非異，五蘊若是如來藏空性，則五蘊壞時，如來藏空性亦應敗壞，故非是一—阿含中說「非我」。若云五蘊非如來藏空性，佛子便將離五蘊而覓如來藏空性，卻成外道—心外求法；故非是異—阿含中說「不異我」。

於開示如來藏空性在五蘊中之後，為防衆生誤會五蘊之色身及識蘊知覺心等即是如來藏空性，隨後便說：「是諸法空相，不生不滅，不垢不淨，不增不減。是故空中無色、無受想行識，無眼耳鼻舌身意，無色聲香味觸法，無眼界乃至無意識界。無無明，亦無無明盡。乃至無老死，亦無老死盡。無苦集滅道，無智亦無得，以無所得故，菩薩依智慧到彼岸故，心無罣礙。無罣礙故無有恐怖，遠離顛倒夢想，究竟涅槃。」

依此經文便知如來藏真心—空性，就在色身中，就在受想行識四蘊運作之每一刹那中隨緣而應，與五蘊和合似一，但不就是色受想行識—阿含所說「五蘊非我，非異我」。

並說明此如來藏空性之真實心，遠離六根、六入、六塵所生諸法。此心無生老病死，不會一切法，從來無所得；本自具足故，不增不滅故。此空性心永遠不生不滅故，菩薩轉依此心而証無我，故無恐怖。

三世諸佛皆因悟此智慧到彼岸之法而成佛，故云《心經》是大神咒、是大明咒、是無等等咒──無有一咒能與之比擬。便說咒曰：「去吧！去吧！度過去吧！度到彼岸去，迅速成就正覺吧！」

既然五蘊非真，第七識不能自在，須依如來藏而生，則於此五蘊七識之外，另有能到彼岸安住涅槃之心，當知即是空性──如來藏也。

第二十三章　依龍樹菩薩中道偈證有如來藏

龍樹菩薩偈云：「眾因緣生法，我說即是空，亦為是假名，亦是中道義。」試問：眾因緣所生法既然是空，此空亦是假名而有，非真實有，則應一無所有，應同於斷滅，無異斷見外道，因何名為中道？

既名為中道，應知龍樹菩薩所說因緣所生法之空，含藏非空之義；不落於空，亦不落於不空之有，方得名為中道。

中道者不落一邊，無一切執著；若執著中道法，亦是一邊—有，立中道之法故。既立此中道之法，則是法有，有即是一邊。故中道之法非有非無、非一非異、非斷非常、非垢非淨、非來非去。故龍樹菩薩所說般若《中論》偈中之空，非斷滅空，乃如來藏空性也。唯此如來藏空性方得名為中道，非謂虛空、頑空、斷滅空、緣起空，能成就中道之理。

一切法皆「因、緣」所生，若無內因外緣，不能成就一切法，故如來藏又名一切法。聲法乃因物物相擊，振動空氣，產生空氣振波而生；語言法乃因末那識能觸五根所生諸法而感生意識分別，因分別而設定代表不同意義之特定音聲，配合受想行識及色蘊之臉、頰、齒、齦、舌、氣管、腹力而生語言。

一切法皆須助緣，不能自生。然此諸助緣若無第一因—因緣所生法之因，即不得成就。「因」是宇宙之第一因，一切法離此因即不能成就。一切法即包括一切外緣及一切內緣諸法，此諸緣皆不離因，因即是如來藏。

然若有因無緣，亦不能生一切法，涅槃性故，無所分別故，離見聞覺知故。若無名色為緣，空性—如來藏—識即不能於三界六道中出生一切法；若無名色為緣，一切悟者乃至十方諸佛，不能見空性如來藏。欲見空性如來藏者必須於三界六道中見，涅槃之中不可見故。

是故《長阿含卷十，大緣方便經》佛云：「阿難！若無名色，寧有識不？」答曰：「無也。」「阿難！我以此緣，知識由名色，緣名色有識。我所說者，義在於此。」如來藏識若住涅槃中，無名色為緣，即不可見。故佛云：「如十方諸佛不見此識，我亦如是不見此識。」

若欲見此如來藏識，必須於因緣所生—如來藏識配合名色所生之一切法中，方能得見。欲開悟明心者，須依見聞覺知心，於五蘊中尋覓另一非見聞覺知之如來藏；若入二無心定中，即覓不著如來藏識，故說一切法皆依於因及緣之合會而生。因緣聚合而生之一切法雖然是有，然此有，不離空性如來藏之因。此諸三界有法，在生住異滅過程中，皆是如來藏在其中運作，故因緣所生之一切法，雖不即是空性如來藏，亦不異空性如來藏；若離如來藏因及名色緣所生之一切法，即不能見空性如來藏—因緣之因。故一切佛子不應向五蘊之外而求真實心，不應向虛空中求真實心。故龍樹菩薩於此偈後隨云：「未曾有一法，不從因緣生。是故一切法，無不是空者。」空者，如來藏空性也。

自古以來，佛門之中多有師徒，同執大乘遣相般若空理為最究竟者，以彼等誤解之似比量，而撥無如來藏及其所生一切法之現量，執「智、斷、證、修、染、淨、因、果」皆非實有，此乃大邪見也。

斷見外道雖亦誹謗染淨因果，亦不謂全無，但執染淨因果非真實有，現量上亦確實有。佛門師徒反而因誤解般若空，而撥無一切法，成大邪見，佛子們竟見怪不怪，寧非木石？

若如來藏空性非真實存在，非人人具足，則菩薩、聲聞、緣覺，及一切外道修行人，不應為捨生死而精勤修集菩提資糧；無異斷見故，修集何為？是故正信佛子皆應信有能持種心——如來藏，依之建立染淨因果。

一切出家在家佛子，皆不應說「大乘般若空遣除一切法，歸於一無所有之空。」莫作此說。一切有情無始以來執著有故，若聞學佛之極致是一無所有，同於斷滅，則眾生畏懼，不敢學佛矣！一切弘傳佛法之人，若害有情畏於學佛，其過極大，有情必將因此而多劫不敢學佛、輪迴生死故。

若有師徒誤解佛說大乘般若空遣相之道理與目的，以緣起性空之理而為衆生解說般若空；否定根本之因，而落於頑空或斷滅空，而向信衆說一切皆空、因果亦空、修道亦空、成佛亦空，皆一無所有而撥無如來藏；或謂「如來藏思想非佛說」者，此等師徒成就「謗菩薩藏」之罪，必入地獄七十劫，佛子弘法時不可不慎。

第二十四章　依聲聞涅槃之證得，證有如來藏

小乘聲聞人證得涅槃者有二種人：一、慧解脫阿羅漢。二、俱解脫阿羅漢。

前者因修四念處觀，斷盡一念無明（欲愛、色愛、有愛、見一處）而斷三縛結、五下分結、五上分結。不須觀行，自然無妄想，自然捨棄身口意行，不須以定力伏之。睡時無夢（非夢醒後遺忘）。後者加修四禪八定及八背捨，得滅盡定，能隨時以自己之意志捨棄自我（捨棄色身及知覺作主心）而住涅槃。前者則不能自主，須待壽盡命終或自殺，方能取涅槃。

入涅槃者非以見聞覺知心入，非以作主之心入，非以無妄想之明覺心入，非以定中能知之心入。入涅槃者實無所入，取涅槃者實無所取，方便說為入涅槃、取涅槃。無思惟之明覺心及定中能知之心等，皆不離知，知即是分別心，能別境故；分別心不能入涅槃、不能安住涅槃，時現時斷故。

見聞覺知心有間斷故，作主之心、性喜揀擇執取故，皆不能入涅槃。十餘年來每見大師開示信衆，令人以此等妄心修行清淨而成真心，謂此等心能證涅槃。渾不知此等心乃是七轉識，設使修至究竟清淨之佛地，依然不能變成真如，依舊是七識。佛證無住處涅槃，故其莊嚴報身常住世間，不入涅槃（入涅槃者應身示現也）。然佛若入聲聞無餘依涅槃，七識亦皆滅盡，故前七識永不能入涅槃。無餘依涅槃者，七識皆滅，只餘如來藏空性，起煩惱斷盡故，捨報後七識種子不現，中陰身亦不現前，如來藏空性不再於三界中受生漂轉，方是涅槃真際真義。

亦有大師教人打坐修定，坐至無見聞覺知時便謂為能所雙亡、謂為涅槃，出定後又復慢心待人，以聖者自居。殊不知此是未到地定境界，佛云：「縱滅一切見聞覺知，內守幽閑，猶為法塵分別影事」，即是訶責此類人也。佛子當知：此乃定境分段入出，未到地定境界，三界有為之法也，若此是涅槃、是能所雙亡者，應一切證得未到地定之外道亦是聖人也，故知此乃以定為禪，非是涅槃。拙著《正法眼藏—護法集》之附錄一中已有破斥，讀者可以參考之。

復有外道之五現見涅槃：或認欲界中受五欲時了了常知之心是不生滅者，是恒是常，以此為涅槃。或認初禪定心為涅槃心，或認二、三、四禪定心為不生滅心，以此為涅槃。皆是外道凡夫之誤解。

譬如佛世有善星比丘，證得第四禪，有大威勢，以第四禪定之心所住境界為涅槃，自比為阿羅漢，成就大妄語業。佛再三訶之，善星比丘再三不聽，仍執四禪定心境界為涅槃。捨報時四禪中陰現前，方知非涅槃，便謗佛云：「世間無涅槃法，佛誑人而已。」謗佛謗法已，中陰即滅，便入無間地獄。此是以定為禪，以定為涅槃。佛子當知：四禪境界尚非是涅槃，尚非是能所雙亡，未到地定離見聞覺知之粗淺定境，云何可說為能所雙亡之涅槃？如此大師，說愚痴語，令人感嘆！

一念無明之四住地煩惱（見思惑）斷盡者，即使未修四禪八定及未到地定，壽盡捨報亦能入涅槃，永捨三界輪迴苦，此即慧解脫阿羅漢也。加修八背捨，即成俱解脫阿羅漢。

台灣本島近年來，多有法師居士因大乘禪之見道極為困難，故退而求其次，改學南傳小乘佛法之內觀禪，然如法者少，不如法者多。不如法者，謂修者多落定境，追求定境，將定境之修證誤認為即是內觀禪。此非聲聞內觀禪之正確修法。

南傳聲聞佛法之內觀禪，應依朗波田或瑪哈西禪師之修法，於舉止運為之中，體會色蘊之機械性，從而確認色身非我、非我所，身見即斷，此即身念處觀。此後仍須轉入受念處觀、心念處觀、法念處觀，依序而修方斷我見，於佛無疑。我見斷故，疑見及禁取見皆斷，名三縛結斷，預入聖流，成初果聖人。

聲聞初果雖斷我見，未斷我執，了知心及明覺心之我執未斷盡故，乃執此心為我。不同於菩薩修大乘禪—於四禪見道斷我見時亦斷我執，已了知能知明覺之心虛妄故。

南傳佛法之內觀禪，設使能修至法念處觀成就，斷盡有愛住地，不以四空定中之微細覺知心為我、我所，我見斷盡而得慧解脫，成阿羅漢，捨報後能取涅槃；然猶不知菩薩修祖師禪於見道時，身見我見俱斷時所證涅槃本際—中道實相境界。

阿羅漢雖證涅槃，然非究竟，不知涅槃本際如來藏故；不知轉依如來藏而修阿賴耶三昧者可成佛故；不知有如來藏之一切種智故。阿羅漢雖不聞如來藏名相，然認有一不生滅者，非粗細境中能知之心。此心或名窮生死蘊、或名本際、或名有分識、或名阿賴耶、或名為心，而亦不否定此諸名所示之心能住涅槃、能得解脫。此心雖然多名，但唯一心，即大乘如來藏系唯識諸經所說之如來藏也。

若小乘阿羅漢斷盡煩惱，壽盡捨報後，無有不生滅之無覆無記性心能住涅槃者，涅槃應同斷滅，何異外道？故知阿羅漢雖證涅槃，已解能知之心虛妄，亦知四空定中微細能知之心虛妄，因而修斷思惑煩惱，故能入涅槃，然亦知有另一不生滅心，名為本際、窮生死蘊……等，不同於常見外道以妄心為真，不同於斷見外道認為死後一無所有。

然阿羅漢根微慧劣，不能為說如來藏八識心王一切種智深奧微妙之法，故佛不為彼等說如來藏名，不為彼說唯識究竟心法，但教斷盡一念無明四住地煩惱而證涅槃。若為大根利智不畏生死之菩薩，佛便為說「如來藏中藏如來」之理—依如來藏而修、能成如來。

佛亦為大根利智菩薩詳述涅槃真實之理：謂七轉識滅是名涅槃。餘第八異熟識不起分別，七識等流種子見聞覺知功能不現行，則無所依，無所依則無中陰身，無中陰身則無異熟果報，不再入胎出生。唯第八識無見聞覺知而安住，不自知有安住者，亦不知有自我，永離三界輪迴之苦，是名涅槃。

涅槃非同斷滅。斷滅者死後一無所有；唯有一生，無過去未來世，無有另一不生死心貫通三世，死即斷滅，心亦不存。涅槃中無境界、無覺知，一切心行皆滅，七識不再現前故。唯有無分別而無見聞覺知之如來藏空性，不起心行，故斷分段生死，不於三界輪迴，故知實有如來藏。

如來藏若住於涅槃之中，即不可覺知，一切賢聖皆不能見之。如來藏自身亦不覺知自己，亦不覺知住於涅槃，故名無我空性，故涅槃中無有境界可得。若住涅槃而有知者，此非涅槃，乃欲界定及未到地定之淺定而已。入定而無覺知者亦非涅槃，此乃未到地定之深定而已，不離幽閑法塵影事。

若能斷盡一念無明四住地煩惱，雖無禪定功夫，示現如同凡夫無異，亦能於捨報後入涅槃。若不斷盡四住地見思惑，雖有四禪八定功夫，捨報後必有禪定相應境界或中陰身為所依，有所依則不離生死。凡夫不知，因彼禪定境界勝妙故，奉彼為聖人，而實不如慧解脫之佛子，無禪定功夫，現同凡夫，實已出三界，是真實聖者。

小乘羅漢入涅槃後，既有「窮生死蘊、有分識、阿賴耶、心」安住涅槃，當知諸名所說即是大乘法中之如來藏阿賴耶識也。故龍樹菩薩《中論》偈，〈觀涅槃品〉第二十五云：

若一切法空，無生無滅者，何斷何所滅？而稱為涅槃？

若諸法不空，則無生無滅，何斷何所滅？而稱為涅槃？

無得亦無至，不斷亦不常，不生亦不滅，是說名涅槃。

受諸因緣故，輪轉生死中；不受諸因緣，是名為涅槃。

如佛經中說，斷有斷非有，是故知涅槃，非有亦非無。

略釋云：若執一切法皆空，無有能生一切法之如來藏，亦無能滅之五蘊七識，則佛子是斷了什麼？滅了什麼？而自稱證得涅槃？

若執一切法真實不空，則一切法不生不滅，亦應見思二惑不能斷盡，七識妄心不能斷滅；則佛子是修斷了什麼？除滅了什麼？而說證得涅槃？

沒有所得，也沒有涅槃境界可到；既不是斷滅空，也不是外道所說能知能覺常住不滅的心：此心從來不生，故永不滅，這就是涅槃。

眾生因為接受了如來藏因，和五蘊緣所生一切法，貪著不捨，所以在生死中輪迴流浪；若能不接受如來藏因和五蘊緣和合而生的一切法，就是證得涅槃。

譬如佛於經中所說：斷除了見聞覺知和作主之心的常見有，也斷除了一無所有、一切法空的斷滅空，而不落於空有兩邊。由這個道理就可以了知：涅槃之中「非有」—沒有知覺心的存在，亦「非無」—不是斷滅空。

由上述龍樹菩薩《中論》偈之闡釋涅槃中道之理，亦可證知涅槃不離如來藏，否則涅槃即成斷滅。

又經云：「解脫若有我，有我即是常；解脫若無我，無我即非常。」皆入邊見故，非是中道。唯如來藏離煩惱障，不再出生七識種子，於空性而無覺知之中本然安住，不受後有，名為涅槃解脫，而此涅槃解脫之中，無有能知能覺解脫之我。末學由是立宗云：

聲聞阿羅漢，斷四住無明，皆依如來藏，捨報住涅槃。

若無如來藏，涅槃成斷滅，無四諦解脫，佛法成戲論。
故知如來藏，非空亦非有，三乘涅槃法，依之能安立。
一切阿羅漢，緣覺諸菩薩，唯能證此說，不能壞我宗。

第二十五章　依「智證斷修」證有如來藏

一、依「智證」說有如來藏：如佛所說，聲聞阿羅漢、緣覺辟支佛、菩薩阿羅漢及八地以上皆得盡智。盡智者，一切後有永盡之智慧，亦即斷盡一念無明四種住地煩惱—見一處住地、欲愛住地、色愛住地、有愛住地。四住地煩惱斷盡者，三縛結、五下分結、五上分結皆斷盡，名阿羅漢，能取涅槃，永出三界輪迴，盡三界有，名證盡智。

盡智者不由打坐修定得，由斷煩惱得。每見佛子努力修定而不肯斷煩惱，欲假修定而出三界，愚不可及。俱解脫阿羅漢雖有四禪八定及滅盡定，然其能出三界輪迴乃由盡智之力，非由定力而出。滅盡定之證得亦由盡智，非因禪定。

若因禪定而能得滅盡定者，一切外道之得四禪八定者，皆亦能得滅盡定，因何外道修定者無人能得？須俟聞佛開示而後得？若因四禪八定能得盡智者，因何外道已得四禪八定具足者而永不得盡智？因何須待佛開示斷盡有愛住地煩惱而後得盡智？是知一切衆生能得盡智而出三界者，皆由知曉煩惱斷除之理而得盡智，非由四禪八定得。

所以者何？慧解脫之聲聞阿羅漢及慧解脫之菩薩阿羅漢，雖然不具四禪八定，猶如凡夫，然因修學智慧，已知斷盡五下五上分結能出三界之理，而懇切如實地斷除五下五上分結諸煩惱，此諸煩惱斷盡則有愛住地煩惱斷盡，盡智滿足，捨報後便得出三界。雖無禪定及神通，然是真正三界福田，出三界之聖人也。

一切凡夫天人極盡神通力觀察彼慧解脫聖者，而不能知其已證盡智、能出三界，往往以彼聖者如同凡夫，既無禪定功夫，又無神通，便輕蔑之，不信其所開示了義之法，轉而親近有禪定功夫及神通者修學；不能得盡智，不肯斷煩惱，便隨彼人而誹謗像似凡夫之聖者開示，成就地獄業，壽盡命終後便入地獄。

然一切慧解脫阿羅漢之證得盡智，必須先見道。聲聞見道須修聲聞禪四念處觀之身念處觀，若斷身見，轉入受、心、法念處觀，再斷我見，名為見道。大乘見道須修禪宗之禪—開悟明心，即斷身見及我見（不以靈知明覺心為真實不滅之我），名為見道。**若不見道而能修道斷煩惱者無有是處。**「善來比丘」雖於一句之下成阿羅漢，仍同時具足見道之見地，不唯斷身見，亦斷我見；性障微薄故，立成阿羅漢。若非性障微薄之人，見道之後仍須精進斷諸煩惱，熏聞盡智之智慧；若極精進斷煩惱者，一生至四生，可得滿足盡智，雖無四禪八定，亦成慧解脫；非未見道而能修道乃至證得盡智，唯能伏煩惱而不能斷故。

如前所述：盡智滿足，證得涅槃者，七轉識滅。七轉識之等流流注滅，則不受來世三界有之異熟果，是謂涅槃。涅槃中無七識種子流注生滅運作，無見聞覺知，故名「涅槃寂靜」。無能知者、無作主者，名真無我；能住於此，名證盡智；唯餘第八異熟識空性，寂滅不起，永不再出現於三界之中。若無此第八異熟識如來藏者，誰證盡智？誰住涅槃而無所住？由此證有如來藏。

又：諸阿羅漢有於「善來比丘」一句之下得盡智者；有聞佛說法後，修四念處觀而見道斷結，以鈍根懈怠故，須盡七有天人往返，方具足盡智。若是利根精進之人，或於此生捨報前具足盡智，得阿羅漢；或二生，或三生，最遲四生具足盡智，得阿羅漢。佛作此說，可證有如來藏。何以故？如前廿四章所證，能知能覺之六轉識及能作主之第七末那識，皆不能持種，是有記性，是能熏性，非持種心；若須二至四生方得阿羅漢而圓滿盡智者，定有無覆無記性之能持種心，由此生持諸無漏法種往至未來世，方能延續今生所修之無漏業，乃有可能於未來二、三世中圓滿盡智。若無如來藏持彼今生所修無漏法種往至來世，應無二至四生得阿羅漢者。由此盡智之證得，證有如來藏－阿賴耶識、異熟識。

又：經說佛得十智：法智、隨生智、世俗智、知他心智、苦智、苦集智、苦集滅智、苦集滅道智、盡智、無生智。十智具足，方能住於常寂光自受用土，常寂光者真如境界也。十方諸佛雖得盡智，離分段生死，而不入涅槃；雖得法智無生智一切種智，離變易生死，而不入涅槃；雖然應身示現入涅槃，而莊嚴報身則不入涅槃，常住三界，以法智無生智一切種智而度衆生。以無功用行而度衆生，雖度衆生而無所住，名無住處涅槃。

依佛無住處涅槃之智證，說有如來藏—成佛時改名真如。若無如來藏能成真如，則十方諸佛證十智而入無住處涅槃後，是何心說名法身佛？若無真如法身佛，則七識五蘊所成之應身佛，應是真佛；然此應身佛終歸入滅，佛真法身豈有生滅？故依「智證」即知必有法身佛真如，等覺位以下名為如來藏也。

二、依「斷修」證有如來藏：聲聞阿羅漢依四聖諦、四念處觀等卅七道品，修學小乘法，斷盡一念無明四住地煩惱，五下五上分結悉斷，得證涅槃。若無如來藏持諸所修無漏法種，則阿羅漢之五蘊七識所修諸法，皆悉唐捐其功。所以者何？其所斷煩惱，應今日斷已，明日復生；前四蘊及七轉識，皆不能持其斷惑之無漏法種往至明日故。

則世間應唯有一日之阿羅漢，明日復成凡夫。前六識睡熟間斷故，第七識是造業能熏，意根攝故，不能持種故。然阿羅漢今日成阿羅漢已，明日睡起，依然是慧解脫阿羅漢，以此故知必定別有能持種心，名如來藏。

十種阿羅漢中有退分阿羅漢。譬如阿含中載，某阿羅漢證四果已，退轉還俗，退入三果阿那含。衆弟子勸佛為彼說法，使彼不退。佛竟不為說法，云：「彼還入俗家，復受五欲。然三月之中極受五欲而生厭逆，三月滿已，當復於我法中出家，即成不退阿羅漢。」後果如是。

此阿羅漢既因四念處觀智慧而成四果，因何卻退？乃因如來藏中染污種子未淨盡，煩惱未斷盡故。五蘊七識雖已證成四果，然因五蘊七識不能執持一切業種，須於歷緣對境中修行，斷除如來藏中煩惱業種，方能成就修道功德。若五蘊七識能持煩惱種者，不應有退分阿羅漢，證果時自己能棄一切有漏種故，不須歷緣對境修斷有漏種故。

故三果人既聞佛說四果功德內涵，仍有多人不能成就四果，仍須歷緣對境中（托缽、經行思惟修、靜坐思惟修、行一切僧事）促使如來藏中染污種子現前，方能轉化為清淨法種還歸如來藏中。如是漸修，漸斷煩惱，思惑斷盡方入四果。若非別有如來藏執持過去多劫累積之有漏法種，則應一切人聞佛說四聖諦已，皆成阿羅漢，亦無退分阿羅漢，亦應無一至三果之斷修過程。由此正理證知：於能知能作主之心外，定應別有非能知、非作主之心—如來藏。

又：八地以上菩薩及四果菩薩得盡智後，若無如來藏執持多劫以來之異熟果種，應永不於三界受生，則不能具足成就一切種智；不能面見報身佛故，必入涅槃故。然因佛力加持，授與「引發如來無量妙智三昧」，故不取涅槃，藉如來藏中累劫所集異熟識果種，而於人間天上繼續受生；仍須於緣熟時受善惡報，故菩薩阿羅漢及八地以上仍有宿業異熟果報示現，而不造新惡業。乃至成佛後能離異熟果報，而以無量方便示現異熟果報，以警頑劣佛子。

八地以上菩薩因佛力加持、不入涅槃，常在三界流轉生死，以一大無量數劫而修斷無始無明過恒沙數修道所應斷之上煩惱，從而具足一切種智，圓滿道種智、一切智、一切種智，名為一切智者。大圓鏡等四智圓明，具足證得修道所應證之過恒沙數一切法。若於能覺能作主之心外，別無如來藏執持一切無漏法種，則八地以上菩薩，於一大無量數劫修集一切種智功德，悉皆唐捐其功，云何能成佛道？

若無如來藏執持一切有漏無漏及熏習之法種，應一切人初發心學佛時便即成佛，何須三祇五位精進修行？五蘊七識自能持種、復能自棄一切染污種故。然實不能，須歷三祇五位之智證及斷修過程，方得成佛，故知於有情作主能覺之心外，必定別有如來藏能持一切有漏無漏本有熏習等一切種，由此證有如來藏。若不爾者，斷盡過恒沙數上煩惱（塵沙惑）後，是誰能證無盡智慧而得成佛？若不爾者，大小乘阿羅漢斷盡見思二惑、七轉識（作主能覺之心）滅後，是誰出離三界安住涅槃而無覺知？由是智證及斷修之理，證知定應別有非作主、非知覺之心──如來藏。

第二十六章　依「器世間有」證有如來藏

若無有情眾生之如來藏，即無器世間（物質世間及欲界六天、色界十八天）。

若無如來藏，誰變現世間？不可說是一神教之神。一神教之神尚未離瞋，若有不順從祂者，便罰入地獄，永不超生。為瞋之故，對不信受彼之有情眾生，淹以洪水，降燃大火，乃至將異教徒送至其信徒手中而予誅戮。彼一神教之神，教導其信徒所作所修者，不過欲界六天之有為果法；色界天之境界，彼尚未能述及，何況教導？

彼神自身猶在欲界輪迴。不斷瞋欲，猶不知三果聲聞及三果菩薩境界，不如大小乘之三果聖者，焉有能力創造世間？故四禪天及五不還天以下世界，包括此物質世間，皆非一神教之神所創造，彼神境界未超越六欲天故。後來雖經人為創立之學說而加以提升，謂彼神之聖靈無形無相，然已不同於原始之經典。譬如新約不同於舊約，舊約聖經記載：「上帝說：我們要照著我們的形像、按照我們的樣式造人。」不同於新約聖經所說無形無相之聖靈，不同於新約之三位一體。譬如以前改經，他們於未來世仍須改經。

佛教之經典則從聲聞、緣覺法開始，繼之以大乘般若空，復以如來藏系等唯識經典而總其成。此諸三乘經法皆於早期三次結集經典時，函蓋於阿含四部中。北傳大衆部之大乘經典不唯完全符合阿含四部，抑且鞏固阿含四部佛說諸經，使阿含四部立於永不毀壞之地位，並發揚阿含四部中佛說諸法密意，垂之久遠，無有能破之者；唯能親證及發揚光大爾。

如來藏系唯識經典，乃佛教教法之精華，否定如來藏，等於挖掉佛教之根本，也挖掉了一神教之根本，世間出世間等一切法也都成為戲論，故一切有情皆不應否定或批判如來藏唯識思想。

不論何種理由及動機，都不可批判或否定如來藏思想，否則必定難逃邏輯學之辨正，也斷滅了世間及出世間法，同於斷見外道，同於唯物論者。亦將間接助長無因無果邪見，使世間惡人日增、善人日減；修羅日增，天人日減；惡人必將更加膽大妄為。僅是危害世間一項罪業，已無力承擔，何況毀壞佛法根本之地獄重罪？

二千五百年來，證悟如來藏之人，歷史記載甚多。有部份人悟後，乘願再住此界而度衆生，非無如來藏可證，不應因自己無力親證而否定批判之。

此諸證悟者中，善根福德不足者，不久退失，便否定祖師為彼所作之印證。善根福德具足者，不唯不否定其所證悟之如來藏，進而從如來藏系唯識經典，獲得更深之體悟，更明確證實自己所悟之如來藏內容，而確定悟後起修之路，甚至因此與起弘法護教之大悲與大勇。

一神教之神，尚無能力證解如來藏，何況能為人說？證悟聖者之所行所說所修，彼尚不知，焉有能力創造世間？

彼若有能力創造世間，則十方無盡虛空亦必有其他之神，亦能創造世間，云何稱名「唯一真神」？是知造物主之說乃是神話，與中國盤古開天、女媧補天之神話，殊無二致，悉皆不能通過科學、哲學、邏輯之檢驗，乃人所創造之神。

是故世間非是某一造物主所創造，而是由十方虛空無盡世界之無量無數偉大的神所共同創造—你、我、他、大象、鯨魚、蝦米、螞蟻、微生物等等一切有情的如來藏所共同創造，在佛法中稱為共業。每一有情身中各各有其獨立的、唯我獨尊的如來藏，此心本有，非因修得—未悟之前本已與妄心同在，真妄和合。成佛之後亦不消失。此心非一神教之「造物主」所能奪，非「造物主」所能造，乃至「造物主」自身亦自有之，而不能證之。

由於有情在過去無量世所造無數業行，記錄存放於各自之如來藏中，其業感相同之無量數有情衆生，即以其如來藏之不可知執受，而共同形成其受報之物質世間及六欲天、色界天等。便陸續由他方世界而轉生於此世界。將來果報償盡，則此世界漸漸毀壞，復因有情衆生各自所造之業而陸續轉生於他方世界。

他方未成之世界，於吾人在此世界受善惡果報而又同時造善惡業時，已在他方某一虛空漸漸醞釀形成。此界衆生報盡，世界便漸漸毀壞，衆生便又陸續往生他方虛空新形成之世界。然此現象與真理，非人之意識所能覺知，亦非一切宗教之神所能覺知。證得道種智無生智之開悟菩薩，隨佛或真善知識修學一切種智者，則稍能知之，未悟及錯悟之人，聞之不解，不能信受。

譬如錯悟之人，以其錯悟之知解，隨意引述《六祖壇經》之方便言語，作錯誤之解釋，便道：「平直即彌陀。悟了真心，真心不生不死，名為無量壽，真心即是無量壽佛，所以實際上沒有無量壽佛。」

又引述壇經云：「但見本源清淨，覺體圓明，即名見性成佛，亦名極樂世界。」便胡說云：「沒有極樂世界，真心便是極樂世界，便是常寂光淨土，不須求生極樂世界。」如此愚人，不唯誤盡蒼生，亦乃耽誤自身，造就未來世之地獄業猶自不知，猶以證悟聖者之身份，於諸無智佛子，以見慢而說其錯誤之知見，以名聞故沾沾自喜，愚不可及！

極樂世界真實有。何以故？十方虛空無窮無盡故。虛空無邊無際、永無窮盡，焉可不顧事實而主張唯有此一世界？稍知邏輯學之人，略加推理便能知之；唯有迷信之人，方信此世界是宇宙之中心。

二千五百年前，佛出於世，曾說十方虛空各有無量無數諸佛世界，一神教及多神教信徒每未之信，堅持此世界是宇宙中心。如今天文學發達，以太空電子望遠鏡，逐漸證實佛說真實，一神教徒等便不敢再堅執其聖經所說為真。「十方虛空無有窮盡，世界國土不可限量。」既然如此，極樂世界便有存在之可能。

「造物主」既云此世界是宇宙之中心，可見其視野僅及於此世界之土地，猶不知此世界是圓球形，其智慧遠不及哥白尼及哥倫布。哥白尼因主張地圓之說，不符一神教之聖經，險遭教會處死。「造物主」所造世界是平面世界，然此世界是圓球形，可知此世界非「造物主」所造。設使彼神能造此世界，亦唯此一世界由彼所造，彼認為星星只是點綴之物，不認為每一星星皆是一世界故。如今既知十方無盡虛空有無量無數星球世界，則極樂世界便有存在之可能，吾人科學發展不過百餘年，未知之事十百千倍於吾人今日之所知，故應信有無量無數世界國土，亦應信有西方極樂世界。

此外，自古以來，因憶念阿彌陀佛、或持念阿彌陀佛名號而往生極樂世界者極多。或於七日前預報往生時日、或於捨報前預先安排後事、或往生時光明遍滿室中、或往生時異香滿室、或往生後數天身體柔軟猶如生前、或往生後猶如生人熟睡而無死人相、或往生時瑞相不顯而適有天眼之人在側親見彌陀世尊來迎。種種異象顯示極樂世界真實有，若「造物主」能造世界，試問極樂世界是誰所造？

十方虛空無量無數之世界，非某一神之所能造，乃由無量數有情之共業所感應形成；其能形成世間者，乃共業有情各自本有之如來藏也。若無如來藏，即無器世間；故色界十八天、欲界六天及此物質世間，乃由共業有情各自如來藏所藏之共業異熟種共同變現，非某神所能變也。

一神教之神乃全知全能，既有能知，則不離見聞覺知，則其神之心乃是妄心，必有間斷；間斷之心不能自在，焉能創造世間？

其神之見聞覺知心號稱全能，既有能造能作，則有作用；有作用則有變易，有變易則是非常非恒之心，非常非恒之心不能自在，何能變現世間？

世間既非由某神之全知全能心所變現，亦非吾人見聞覺知心變現；非恒非常故、不自在故，應無能力變現色界欲界等廿四天器世間及吾人所住物質世間。然十方虛空無量無數之世間真實有，故能變者，必是有情衆生身中，能感善惡業異熟種之異熟識，由此證有如來藏。

第二十七章　由「不可知執受」證有如來藏

六轉識之執受皆屬可知；末那識之執受，未悟之人完全不知，唯識學者知其少分，而猶不知自身中之末那何在。真悟之人一經指點即知末那識何在，亦知其執受。唯如來藏之執受是不可知，須待悟後修學一切種智方能知之，佛地方能盡知。

眾生雖不知如來藏之不可知執受，然不可知執受必定有。若無此執受，則因果不能成立，世間之神異現象及常見現象應無。然世間有許多現象皆非吾人意識所知，故不可知執受必定有，由有不可知執受，證有如來藏。

一、由有情之可知執受證有不可知執受，由不可知執受證有如來藏：有情眾生若生於一向苦受處者，即以六轉識之可知執受，執有離苦得樂之時處，便欲捨身他往；謂執有一不生不滅之心——散亂中之見聞覺知心或定中能知之心——能往至他時他處，不受現在一向純苦。此名常見外道欲離苦受之可知執受，屬六轉識相應心所法。

譬如地獄全部有情、一分純苦受傍生、人中一分純受苦報之人，常思離於純苦受之時處。謂地獄有情純受苦處，每思捨報，欲使知覺之心離苦受身；或如終年勞苦，不能休息一日之老牛；或如有人，身不能動轉，病臥在床而能知能覺，身受痛癢而自身不能動轉，不能語言，雖欲自殺捨命而身不能動，無所能為。凡此皆屬依六轉識而生之可知執受，執有知覺之心可於捨報後，往至他時他處，免受苦惱。此即常見外道見，欲以間斷無常之妄心往至來世，凡此執受皆屬六識相應之可知執受。

七識相應之可知執受，謂末那恒內執我，執如來藏諸體性為我、我所，不捨靈知覺明，處處作主，恒時了別自內我，乃至眠熟無知無覺（六識滅）時亦恒內執如來藏為我、我所。此執受於未悟者言，屬不可知；於真悟者言，猶是可知執受。

衆生若不受斷見論者，必受常見論，六十二種外道見皆由此二見輾轉而生。常見者，以見聞覺知心或一念不生時之了了常知心為不生滅者。此皆間斷妄心，因身而有，身壞即滅。身未壞前，眠熟即滅，何況昏迷死亡之後而不斷滅？故以此心而執有不生滅者能至他世，皆屬可知執受。眾生以此可知執受而欲捨身他往，然不能如願，故知有不可知執受。

如地獄有情，受劇苦時身不能支，倒地便亡，一念不生了了常知之心亦滅。以識食故，業風一吹，便又甦醒活命。一念不生了了常知之心復起，復欲捨身；再受劇苦時便又立意捨身他往，倒地亡已，以識食故，業風一吹，又於此身活轉，復受純苦。如是一日之間萬死萬生，欲生他處竟不可得。由此證知：定有另一非見聞覺知心之不可知執受，於業種未報盡之前，不能捨身他往。此不可知執受之根源，即是離見聞覺知之心——如來藏。

地獄有情如是，人間純苦有情亦復如是：譬如前述四肢癱瘓、口不能言而意識清醒之病人，久臥床褥，骨節酸痛，濕疹狼瘡，苦不堪言，其了了常知之心常欲捨身，往至他世，而不能得。是知必有另一非見聞覺知之心，以其不可知執受而執持身根不捨，故不能捨身往至後世。

又如佛子有以定為禪之錯悟者，每以一念不生時了了常知之寂照心為真實心，謂此為涅槃心，謂此心為不生滅心，便欲以此心入涅槃而捨報。不知此心虛妄間斷，因身而有，身壞之時此心亦壞。眠熟時、昏迷悶絕時，入滅盡定無想定時此心隨之斷滅，非是常恒不滅之心。此諸錯悟佛子以此妄心思欲入涅槃捨報，而實不能；此心非真實心，非持身識，故自欲捨報而不能捨，皆因另有非見聞覺知之如來藏，以不可知執受而持身不捨故。

復有佛子聞我道：「涅槃中無有知者，七識滅而不生，名為涅槃。」便入定中，捨棄見聞覺知心，欲取涅槃。然數小時後又復出定，依然不能捨報而入涅槃。須知盡智——證無餘依涅槃——非由定得，乃由見道後斷除思惑煩惱而得。設使有人修得四禪八定，能隨時捨身往至他世，而欲取涅槃者，必生四禪或四空天；仍不能入涅槃，煩惱障未斷盡故，便由如來藏中之不可知執受而引生於四禪天或四空天，故知必有不可知執受。由不可知執受證有如來藏——離見聞覺知、一類常恒持身而住。

二、由慧解脫菩薩阿羅漢之不可知執受証有如來藏：大小二乘佛子於見道後，精勤修斷煩惱障，思惑斷盡，成慧解脫。以得盡智，自知不受後有；然因未具四禪功夫，雖欲捨報而猶不能。即使入未到地定滅卻見聞覺知，亦不能入涅槃而捨身。以業種未受報償，壽未當盡，則如來藏因不可知執受而繼續執持色身不捨，故復出定，不能捨報入涅槃。以此知有如來藏。

慧解脫之聲聞或菩薩，欲提前捨報入涅槃者，應知佛說「識緣名色、名色緣識」之理。如來藏能生色身，故色身為如來藏所緣，如來藏亦為色身所緣。如來藏所緣者有根身也，有根身者具足五勝義根也。若欲使如來藏不緣色身者，唯有藉外力毀壞五勝義根，使色身成為無根身，則色身不能緣如來藏，如來藏亦不能緣色身，便捨色身而入涅槃。故佛世有諸慧解脱阿羅漢，或雇鹿杖自害而取涅槃，或以刀自裁而取涅槃。若不如此，即不能斷不可知執受，由此不可知執受，證有無覺無知之如來藏，一類常恒持身而住。

然未斷盡煩惱障（思惑）之佛子，不應效法此類慧解脱阿羅漢而自殺，彼非自殺故。彼煩惱障已盡故，不名衆生。若佛子未斷盡煩惱障而自殺者，名為犯戒殺人，煩惱障未斷盡故，死後仍須受生，不入涅槃。成就殺人重罪故，地獄業成就，不可不慎。

三、復有不可知執受：譬如有人死已，或生人間或生鬼道，其意識對前世屍骨毫無所知，亦無執受。然有另一不可知執受之心，因前世屍骨所葬墳墓毀壞，為樹根所侵，彼心便對前世之子孫起諸横逆，欲其屍骨受妥善處理。其前世子孫若未警覺處理，便繼續施殃，直至屍骨獲妥善處理為止。彼人以其不可知執受而對前世子孫施殃時，其意識對此完全無所覺知，名不可知執受，以此不可知執受，知有如來藏。

又如佛門許多悟道之祖師，留下肉身舍利，亦有未悟道之祖師留下肉身舍利，此諸肉身舍利之新亡者，每二、三年即生頭髮鬍鬚，應予剃除。或二十年、或三十年，方不再長毛髮。此亦不可知執受，於其往生後，仍由後世之如來藏行此稀有難信之事，非彼後世之能知能覺心所知。

又如多神教之神像，往往以人髮人鬚作為神像之髮鬚。每見廟中神像鬚髮於十年二十年後變長，而須修剪。此亦鬚髮原所有人之如來藏，以其不可知執受而示現之神異現象。以此等不可知執受而證有如來藏。

四、若無不可知執受，則無如來藏，則無因果；惡人可逃避因果故，一悟即成阿羅漢故。因有不可知執受，使有情不能隨意捨苦報身、另取後有快樂身，故業報未盡時不能捨離苦趣報身，或自殺後又復受純苦身。故有情中之一切外道之修道者，欲取涅槃而不可得，雖具四禪八定，捨報後復受後有，生死輪迴。故由不可知執受，能證別有無覆無記性之非見聞覺知心——如來藏。

第二十八章　由死亡之過程證有如來藏

《西藏生死書》所述之生死，乃述說死後之中陰現象而非死亡當時之現象。若有天眼者，能由部份人死後之中陰身觀察，而得知其不同之往生過程，及因善惡業行所受之不同果報，故有六趣有情。

然有情之死亡—譬如人之死亡，從息脈停止後，至中陰身現前之過程，大約八小時之間，究竟是如何從初死至死透？中陰身如何生起？如來藏如何捨此五蘊身心？彼書則未有述及，故若改名《西藏往生書》應較適宜。

吾人證悟後，若不自滿，精勤修道，漸漸能得一切種智；由一切種智之多聞熏習及體驗，而知如來藏之見分與相分等，由此漸能了知息脈停止後，如來藏如何捨身？見聞覺知心在死亡過程中如何運作？如何消失？中陰身如何升起？悟後不修增上慧學—一切種智者，皆不能知之。

已知之人，雖未居臨死亡，已能由死亡捨身而另生中陰身之過程，確認有如來藏—非了了常知之心。此須真實之證悟，悟後廣學如來藏系唯識經論，融會貫通後，詳細體驗八識心王互相連繫運作之一切過程，包括眠熟無夢及入無心定中之八識心王，或現或滅過程，及未曾生滅心於離見聞覺知時之運作細節等，方能真知。

若是錯悟之人，不能與如來藏系唯識經論印證，便無可能融會貫通及實際證驗。便不知未來面臨死亡，息脈停止後，中陰身出現之前八個小時之內，如來藏之運作及前六識之運作，以及前六識如何漸漸消失？如來藏如何漸漸捨身？悉皆不知。

其中復因生前所造善業惡業、尊師謗師、護法毀法之不同而有多種差別。然此八小時內之死亡過程，牽涉真如佛性之密意，若予說明，必將洩露真如佛性之密意，違佛告誡，成就虧損如來之大罪，故不得公開形諸文字。

然一切證悟後精勤修學增上般若之人，於融會貫通如來藏系唯識經典，隨宗教俱通之善知識學一切種智，再深入體驗而了知一切有情於此八小時內之死亡過程者，悉皆知有如來藏住於身中。臨命終時，審查衡量自己此生所作所為，及證道種種功德、護法或破法之業行、消除性障狀況、禪定功夫之深淺、尊師毀師之行為等，便知自己將如何進行死亡之過程，便知自己將往生何處？或取涅槃。此即世尊十號之一——善逝——名號由來之一。

然菩薩悟後精勤修學增上慧學——一切種智者，雖已善知自己及衆生之命終過程，仍不得自稱為「善逝」。佛以熏禪而取滅度，其真如轉移到莊嚴報身之內；吾人猶未獲證熏禪，未發起莊嚴報身，猶未能面見報身佛，如來藏猶未轉成真如，功行未滿足，故不得僭稱自己為善逝。

此章略示死亡之過程中，能證實確有如來藏，然恐密意洩露故，不能略作說明，謹向一切佛子表示歉意。

第二十九章　依有情眾生之睡夢證有如來藏

人於世間生活，有見聞覺知之心，有了了常知之心，有明覺心，有定中能知之心……種種不能遍舉之名詞所說之心，要皆不離知、覺、觀、照，凡此等心，皆名見分，此見分即七轉識。能知覺觀照，故名見分。

見分七轉識於散心中，能見色、聞香……乃至知曉諸法；於定中能分別境界，能知當時定境是所樂境、抑所厭境？於定中能知定中境界內容，於定中能知此境界昔曾經歷？抑未曾經歷？於定中能知在定（在根本定時），於定中能觀照了別定境，故定中能知之心不離七轉識見分，非真實心。

見分七轉識之運作，不論定中定外，皆不離一切境相—六塵，此一切境相稱為相分。相分有二種：外相分及內相分。外相分即是眼所觸色塵、耳所觸聲塵、鼻所觸香塵、舌所觸味塵、身所觸觸塵。內相分則由如來藏配合外塵而現起，復由外五塵所生諸法而現法塵相分。

見分七轉識不斷攀緣六塵境，然所緣六塵其實非外境，乃是內相分；衆生不知此理，故逐五欲諸法而輪迴三界。此理少有人知，聞者往往不信。今以夢境譬喻，即能得解。於譬喻之前，當先說明內外相分之理。

眼見色時，譬如電視監視器之攝影鏡頭向外照，攝取色塵，傳達至警衛室之電視螢幕上顯現出來。電視之攝影鏡頭所見影像即是外相分，守衛室電視螢幕所現影像即是內相分。

吾人見色亦復如是：眼根所領納顯示者為外相分，在眼球內之影像呈倒影，眼球接觸外色塵時，如來藏便生內相分之似色像。內相分現起時，因末那（意根）觸內相分色塵而起了別之作意，眼識見分便隨內相分起，辨別青黃赤白等色。同時現起意識，由意識分別長短方圓美醜姿態神韻等，即是法塵內相分。

譬如眼見色，耳鼻舌身等四識亦復如是：譬如身根受細滑觸，此為外相分。外相分之細滑觸現起時，如來藏同時感生內相分之細滑觸。內相分觸塵現起時，意根（末那識）觸此內相分，便警覺如來藏中之意識種子及身識種子，而使意識身識同時現起；由身識分別細滑觸，由意識分別細滑觸之類別、強弱、苦樂、曾經未經等法塵。

然五根所受外五塵，實非見分七轉識所受五塵。七轉識見分所受五塵諸法，其實皆是內相分五塵諸法，乃是如來藏經由五根所觸外五塵而感生，非從外來，是如來藏所變現。

見分七轉識之所貪愛者，包括定中之一切法塵境，其實皆是自心—如來藏所變現之內相分。而七轉識見分亦是如來藏所顯現。故有情衆生所貪求之一切法，其實都是自心具足之法，藉外境而現，似有所得；其實皆無所得，乃是以自己的見分，處於自己的內相分之中，而遊戲自己的內相分罷了。

説得通俗一些：比如男人去玩女人，或者女人去玩午夜牛郎，其實都是假藉外境，在自己玩自己而已，見聞覺知心何嘗接觸外境？何嘗從外境獲得一切法？皆是自己如來藏所生之見分，在玩自己如來藏所生之相分而已。菩薩之真見道者，若聞此理而能開解，便離二果，入三果向，貪欲永盡；乃至斷盡四住地煩惱，成慧解脫，捨報便出三界。

不論佛子或外道，於以上所述，能理解信受者少；今以夢境喻之，則易瞭解：

吾人（指非修行人）於夢中不知是夢，何以故？夢中之一切相皆如來藏所顯現之內相分，此內相分與醒時因外境而感現之內相分完全相同。

醒時吃糖，因舌根觸甜境，感應如來藏如實顯現甜境內相分，故舌識分別甜鹹，意識分別其為很甜、稍甜，分別其為冰糖、砂糖、果糖之甜。糖果吐出後，舌中甜味漸漸轉淡，如來藏亦如實顯現漸漸淡薄之甜味，乃至消失。凡此皆由外相分—舌根所觸糖果甜相，引生內相分—如來藏所現甜相；與外相分絲毫不差。若在睡夢中吃糖，其甜相與夢醒時吃糖之覺受完全相同，醒夢所觸甜味皆同一內相分故。

然如來藏所現內相分，於清醒時及睡夢時之規則不同：醒時之內相分，完全配合五根所觸外相分而如實顯現。外相分之人事物皆依一定規則運作，井然有序。由此方欲至彼方，必須走路三十秒，不能不走而到。由台北至台南，必須乘飛機三十分鐘才能到。但在夢中，前一剎那在台灣，下一剎那可能已至香港了。

夢乃是內相分之顯現，由如來藏因末那之習氣種子而現前，意識與末那意根在其中遊戲；因無前五識，故稱為獨頭意識。因無五根接觸外相分五塵故，乃由末那識任運別緣之特性，而使如來藏之內相分，可以天馬行空地隨意顯現發展。所以現實生活中不可能的事，在夢中都變成可能；夢境是內相分，不接觸外相分而自現故。

於夢中所受一切苦樂，在未醒之前，與醒時所受苦樂並無差別；醒來方知是夢，原來都無所有，只是內心自現境界而已。若夢中之相分與醒時之內相分不同，應夢時知在夢中，則其所受苦樂觸境界，應不同於醒時。然實無不同，故知夢中內相分，與醒時配合外相分而生之內相分，殊無二致。

譬如夢中見分—末那與意識—在內相分中遊戲；未證悟之人亦復如是，在人生之夢中遊戲，所玩者唯自己之內相分爾。錯悟之人亦復如是，以見分了了常知之心為實我，將人生之夢之定境中之見分執為實有，住於人生之夢之定境中，而遊戲如來藏所現之定境法塵相分，渾然不知此種「開悟」等同外道修證四禪八定而自以為證得涅槃，猶在人生大夢中，不曾甦醒。大慧宗杲禪師斥云：「汝病最僻，世醫拱手。他人是死了不能活，汝是從來不曾死。」即是斥責此類人不肯死卻妄心見分及如來藏所現相分，如何能悟？

若無內相分，則一切有情應皆無夢，夢中見分—獨頭意識與末那識無境界可安住運作故。而三乘有學位聖人及一切凡夫悉皆有夢，有夢則必有境—相分；此夢境中一切五塵相分不由外境起，而由如來藏現起，故知必有內相分。

然夢中內相分之境相，非見分之所能變現，見分只能隨相分而轉，在相分中遊樂或受苦。夢中相分既非末那識及意識所能變現，當知必有另一能變現內相分之心，即是如來藏。

若無內相分，則一切有情皆不能生存於三界六道中。色塵相是假合而有故，定中法塵相乃至四空天之定境法塵相皆是內相分所成故，亦是變易無常故。最長不逾八萬大劫，終歸壞滅，又復輪迴。

唯有四大所成之五根方能觸外相分。五根有五扶塵根及五勝義根。五扶塵根謂：眼如葡萄、耳如荷葉、鼻如懸膽、舌如半月、身如段肉。五勝義根謂：五扶塵根內之神經及大腦。大腦乃五勝義根之集合體，區分為五個部份，分掌眼耳鼻舌身等五扶塵根之觸受，意識及末那識則住於大腦之中，隨時了知及分別、處處作主。

四大所成之五扶塵根中之五勝義根，方能接觸外相分之五塵境；七轉識是心，非形非色，既無物質，云何能觸外相分之物質五塵境？故必須由心所變之內相分，似有形色，七轉識見聞覺知、了了常知之心，方能接觸。

若非由心所變之似色內相分，見分七轉識即不能見之。若無對現外境而現之內相分，則吾人於街上行走，五根雖觸外塵，見分了了常知之心必不能知外境；則必無法指揮運作五根色身，不能求生避難，不能生活。

故醒時必須有內相分，由心感應外相分而現內相分五塵境，身中七轉識見分之心方能感知色聲香味觸，方能運作五蘊而在世間生活學習修道。故知必有能變現內相分之心，此心即是如來藏也。由此證有如來藏，真實不虛。

第三十章　依眾生處胎時見聞覺知心之有無證有如來藏

有情眾生入胎，在受精卵位，未滿七月，五根具足之前，皆無見聞覺知心，而色身不爛壞，由此證有如來藏。

有情眾生依業受報而生於三界六道之中。若生於人間者，於過去世身死，中陰現前後，因見未來世父母和合，起顛倒想而入胎，彼時執取羯羅藍（受精卵）為我而入胎，中陰身便告消失，便無微細意識，彼時見聞覺知心亦隨之消失。

了了常知之心—意識，乃由意根（末那識）接觸五塵相分所生境法而生，若末那不觸如來藏因五根所現五塵境之內相分而起作意者，如來藏雖有意識種子，亦不自行出生意識。故意識（了了常知之心）必須由五根接觸五塵境，而由如來藏對現五塵境之內相分，意根觸此五塵境內相分，起作意欲了知此五塵境，方由如來藏流注出意識種子，方有了了常知之心；同時流注出前五識種子配合意識，故能見聞覺觸。但須先有一個前提—五根具足不壞，故如來藏能藉五根所受外相分五塵境，而如實顯現內相分五塵境，意根方能觸此五塵境。否則末那不起作意，如來藏即無法流注顯現六識見聞覺知心。

吾人處胎，在受精卵位尚無五根；既無五根，則如來藏不能觸外相分五塵，便不能對現內相分五塵境；既無內相分五塵境與意根接觸，則不生了了常知之意識及見聞覺觸等五識，故住於胎中無知無覺。此時若無「非見聞覺知心」住於受精卵乃至胎兒身中，則受精卵乃至胎兒之身應爛壞。而受精卵不唯不壞，並藉母血繼續增長發展；先形成心臟，次形成五根之勝義根（大腦），後發展出五扶塵根，然後胎身具足而生產。

住胎之時，五勝義根及五扶塵根未發展具足，不能接觸外相分五塵境，則內相分五塵境不生；則意根不觸五塵諸法，故六轉識不生；六識不生則無見聞覺知心，故有情住胎時無覺無知，名為不正知住胎。

住胎之時既無見聞覺知心，而意根又非自在心，非能持身，是何心住胎持身？應知即是如來藏阿賴耶識也。故不可言「受精卵乃至胎兒臨出生時由見聞覺知之六轉識持身」，此時尚無六識見聞覺知心故，此心之運作有間斷，無能恒時執持胎身故。

若住胎時由了了常知之意識持身，或由能見聞嗅嚐觸等心持身，則一切人皆不能住胎矣！能知偪促、狹窄、苦悶、無聊故。若證悟之菩薩悟後起修，能修得意生身者，即能正知住胎及出胎；能以胎中之如來藏種子流注，使意生身來去無礙。或意生身不現時，入於定中，在胎身內安住。此菩薩意生身之出入，不從產門出，於他處出，未得意生身者不能正知住胎與出胎。具五神通者亦不能正知住胎與出胎，五神通必與意俱五識相應方能作用現前，然胎兒尚無意識及前五識，故五神通於住胎位尚不能現前，何況能有作用？須至住胎七月後，五根具足，能生作用，意識方能現前，與意識相應之五神通方能有用。

凡夫住胎之時，五根未具足圓滿之前，如來藏不能觸受五塵故，內相分不生；故意根不能觸受諸法，因此六轉識不生，故無見聞覺知分別之心，故住胎時不正知，不能別境，故不苦悶。七月滿足後，方有夢境。

五根具足圓滿而出產門時，受擠壓苦觸之警覺，猶如夢醒，故出產門時能覺外五塵；前五識即於五根觸五塵境時因內相分五塵境而生起，同時生起意識，此五俱意識能別境故，雖無語言妄想，亦能分別生產之苦，故出胎便哭。

若了了常知及見聞嗅觸等六識妄心，非由如來藏配合五根五塵及末那識而生，是自然存在，則此見聞覺知心應住胎時已有，則應人人皆能正知住胎出胎；故了了常知寂然明覺之心，於住胎時無，此心乃是意識，不離見聞覺知之知，非如來藏。

若了了常知寂然明覺之心非是意識，而是如來藏者，則人被殺，五勝義根壞已，應仍能見聞覺知，而實不然；何以故？

熟眠及昏迷時之五勝義根不壞，尚且不能見聞覺知，何況死後五勝義根壞已，焉能見聞覺知？故知了了常知寂然明覺之心乃是意識心，非能自在，依如來藏及五根意根而起，故有間斷，不能恒時執持名色五蘊。

了了常知寂而明覺之心，及散亂中之見聞覺知心，於無想定、滅受想定、眠熟無夢時、昏迷悶絕時、住胎時皆斷而不現。然有情於此五位中，雖無見聞覺知心及了了常知之心，仍有另一非見聞覺知之心持身，故於無心時，乃至四禪及滅盡定中無息無脈，色身仍不爛壞；故受精卵不爛壞而能增長發展、變生五根，故於此五位中必定別有非見聞覺觸、非了了常知之心持身，當知即是如來藏也。

第三十一章　依無心定等證有如來藏

修行者求覓永恒的真我，覓之不著，便以為能見聞覺觸之心即是恒常不滅的自內我。或錯認靈知心、明覺心、定中能知之心、一念不生了了常知之心……等為常而不滅之自內我、真我、實我。此即佛說：「凡夫外道不了識藏故，起常見。」

復有佛門弟子，曾聞善知識解說如來藏體性，便知如來藏離見聞覺知；便以為入無心定時，無見聞覺知，處於此境之心即是如來藏。然此乃是意識落於無記，或入無心定中，意識暫斷而不現起而已。《楞嚴經》卷一，佛云：「縱滅一切見聞覺知，內守幽閑，猶為法塵分別影事。」後時出定又有見聞覺知，乃是境界分段入出，意識境界，非如來藏也。

學人若閱本書第廿九章，關於內外相分之說明，便又轉增迷悶：如來藏既離見聞覺知，因何又能配合外境相分而起內境相分？便自思云：「此必有覺，方能如是。」不知密意之祖師，自以為悟，便執此解而開示云：「汝之見聞覺知靈性，必是汝之佛性。」

其實不然，見聞覺知靈性乃七轉識之體性，念念生滅，非有自在本體。如來藏雖能對應外緣而現內相分，然不自覺，離見聞覺知。猶如明鏡，隨外境而現像，然不能自照，自身無像故。亦如吾人皆能見他人面貌，而不能自見己面，須假明鏡方見自己面像。如來藏亦如是，隨所應對外境，任運顯現內相分，而由七轉識加以了別。故如來藏離見聞覺知，然能恒緣遍緣一切境，任運對現內相分，而不能自見自知內相分，故非見聞覺知及了了常知之心，然彼有此任運隨緣之體性。

眼見佛性之人即能領略此中涵意，聞見佛性之人即不能知。若不具備定力慧力及福德莊嚴者，千佛出世為汝明說，亦不能眼見。若是真正明心之人，再參佛性而解悟佛性答案者，若不具備純熟之看話頭功夫，必定會以看見如來藏之體性做為眼見佛性；實未眼見，便無見性之功德受用。然此人亦能多少領略如來藏任運隨緣之體性，初參明心所悟不真者即不能領略。故對未悟學人，為說「如來藏離見聞覺知」，乃因避免學人以知覺之心為如來藏，故作此說；然如來藏非如木石無情，祂具有心之體性故。

是故佛有時云：「非知非不知，非覺非不覺。」故維摩詰大士反復說明如來藏離見聞覺知、不會六入、離諸覺觀，同時卻又說云：「知是菩提，了衆生心行故。」三界六道一切有情之心行，其如來藏悉皆能知。是故如來藏雖非見聞覺知心，但卻任運隨緣而不自知，不知自我，故名「無我如來藏」。如來藏若是定中了了常知之心、明覺心、靈知心，即能知自我，知自我之心即有我相，則四相具足，不名「無我如來藏，空性如來藏」。

如來藏恒、任運隨緣、不作主、不自知我，須假自身所生之七轉識見分，於真悟之後方知有如來藏，而彼仍不自知我。故禪者參禪時不離心意識—七轉識見分，必假七轉識見聞覺知心方能參禪，悟後方知如來藏不在七轉識見聞覺知心中，亦不是七轉識見聞覺知心。

故真悟者能以七轉識了了常知之我，而覓得如痴如呆、不自知「我」的如來藏。是故修般若禪欲求開悟者，不應棄捨明覺靈知之妄心而一味說「放下」。更不可一味勸人不求開悟，若不開悟見道，即不能確認了了常知心之虛妄，唯能伏思惑，不能修道斷思惑。故經云：「見聞覺知，輪迴之因；見聞覺知，解脫之本。」須假見聞覺知妄心參究，方能覓得了了常知之妄心之外，另有非見聞覺知之如來藏與妄心同在一起。

未覓得如來藏之人，每常自念：「我三四十年參禪，而覓不著，應無如來藏。」佛學研究者亦言：「我研究如來藏四十年，而今老矣，猶未覓著，應無如來藏。」便批判或否定如來藏思想，謂非佛說。然如來藏真實有，今以無心定等為例，證有如來藏。

譬如俱解脫之阿羅漢或菩薩入滅盡定、譬如佛子入四禪中之無想定，皆離見聞覺知，了了常知之心已斷，對於六塵境已無覺知，故了了常知之心非是常住，常間斷故。既非常住、已經間斷而無覺知，應不能因他人敲磬而出定或驚醒，應不能聞知磬聲。然能出定，能與磬聲相應，此相應心能使吾人了了常知之心重新現起，故知必有如來藏，非了了常知之心，非見聞覺知之心，一類常恒隨緣任運而能與外聲相應，顯現內相分，由末那起作意，警覺現起能知之心，非能知之心自身所能為。

譬如入定，睡熟與昏迷時亦復如是，了了常知之明覺心已斷，既不存在，應不能知外聲，云何因聲而醒？不應言：「睡時知覺心猶在。」睡時不知不覺，知覺心已斷滅故。亦不應言：「無心定中有知覺心在。」無心定中不知不覺，知覺心已斷故。復不應言：「知覺之心雖斷，然時至便起，非必須有另一如來藏方能生起。」若然，則一切有情若入睡眠或無心定，應歷經一定時間方醒，不應因外聲而於時未至便醒或出定。

亦不應言：「無心定及睡熟時意識不斷，只斷知覺，不觸外聲。」若爾，因何能聞外聲而出定或醒覺？若爾，亦應一切有情能憶宿命，意識非斷，能從過去世來至今生故；了了常知之明覺心能了別境界，佛說為意識故。

又明覺靈知心乃前六識之體性，前五識若起，必有意識相應，非夢中故。既認前六識不斷，則應無心定中及眠熟中亦有明覺靈知之心，明覺靈知是別境心所，不離六識故。既眠熟時有能緣外境五塵，或不覺外境五塵而內恒明覺了知之心，則應睡時明明歷歷，清楚了然，則非是睡眠，則應一切有情無睡眠法。

若人能將七轉識修至睡而不眠，睡時不觸外境而內心明覺靈知，則此心亦能了別內心決定境—此境同於昨夜、前夜、再前夜故；此心能了知同於昨夜、前夜，則是於此決定境具足勝解，佛說此心乃是意識。此心既能明記昨夜前夜境同今夜，則是別境念心所，能知此境同於昨夜前夜曾習境，佛說此心乃是意識。每夜睡時樂入此境，此境是此心之所樂境；此心於所樂境有欲──欲住此境而起別境之欲心所，佛說此心乃是意識。每夜住於此境中，了了常知、明白醒覺，攝心專注不散，不同於任運遍緣之如來藏；與定相應，於所觀境，起別境之定心所，佛說此心乃是意識。每夜住此境中，不觀外五塵境，能觀此境及境中之心，於所觀境能有揀擇，稍有失念立即醒覺，又復回住此境之中，反復直至天明；既於所觀境能起別境慧而作揀擇，不斷回住此境，則是別境慧心所，佛說與此心所相應者乃是意識。設能修入此境，此境中之心仍是意識妄心。

然絕大多數之有情無能修至睡而不眠之境界，故有睡眠及無心定等法；因眠熟或入定而使六識明覺常知之心及其別境心所斷滅。

能見聞覺知之明覺常知心，於眠熟或入無心定時既斷，故無覺無知；然此時仍有另一離見聞覺知之如來藏繼續運作，任運恒緣遍緣一切境，不斷應對外相分而顯現完全相同之內相分。只因外境正常，意根末那識便不警覺意識及前五識，而繼續睡眠或繼續處於無心定狀態。

若外境有重大突然之變化，末那識即生作意，欲加了別，便警覺如來藏中之前六識種子，於是六轉識便現起，回復明覺了知心而醒覺或出定。

若無末那識恒審思量，能警覺六轉識明覺了知之心，則應一切人入無心定或眠熟後，永不甦醒。若無如來藏藉五根直接應對外五塵而恒現內相分，則末那識便同瞎子死人，不見不知，如何思量應否警覺明覺靈知之心？若無如來藏恒緣遍緣一切境而恒現內相分，末那識如何思量應否繼續再住無心定或繼續睡眠？

然明覺靈知之六識心斷已，復能於無心定中、或熟睡及昏迷中忽然現起，故知於此靈覺心外必定別有能審思量、及恒遍緣一切境而恒現內相分之七八二識——末那及如來藏識，有別於明覺靈知心，而本然存在；無始以來相續不斷，因之建立染淨因果及三界六道有情之輪迴。

譬如非橫死、非病死之老人，壽終正寢，如來藏離身，身即僵壞。同理，若無如來藏持身，若不許有如來藏，則明覺靈知之六識心斷已，應永不復現。亦應俱解脫阿羅漢入滅盡定已，色身便壞；明覺靈知心已斷，不能持身，復不許有如來藏住身故。

滅盡定中，諸心心所皆斷，阿羅漢身應同死屍；而實不壞，復能出滅盡定。故知滅盡定中雖無六轉識見聞覺知心，然色身不壞，必有另一非見聞覺知心住身持身，故色身不爛不壞，應知此心即是如來藏，非無如來藏。

譬如生於無想天中之一切有情，皆無見聞覺知，息脈俱斷，如同死人，而色身不壞。又如佛子或外道，在人間入四禪之無想定境中安住十天八天，無息無脈、無知無覺，如同人死，能因引磬聲響而警覺出定、恢復息脈，色身完好如初。故知必有另一如來藏心——非明覺靈知心，住身持身，使不爛壞。

佛子入四禪定之無想定已，息脈俱斷、無覺無知，若不許有如來藏持身，色身立即變壞，應不能於十天後色身完好而出定。故知必定別有如來藏，於明覺靈知心斷已，繼續執持色身，使不爛壞。

不可說言：「入定時六識明覺心離身；欲出定時，六識靈知心回住身中故能出定，非必須有如來藏住身。」若然，則無想天人應非有情，滅盡定中之阿羅漢、四禪無想定中之佛子及外道，皆應非有情，無心住身故。若然，彼時殺之，應非殺生，寧有斯理？又此位中若無如來藏住身，則身命應壞，六識離身，無心持身使不壞故。則六識欲出定時身已僵壞，應不能由明覺心重新持身而出定；譬如壽盡死者不能再持硬壞身。故證此諸定中，必定別有離見聞覺知之如來藏住身，使不爛壞。

第三十二章　依彌勒菩薩說成佛之道五位差別證有如來藏

彌勒菩薩說凡夫成佛之道，須歷五位：一、資糧位。二、加行位。三、見道（通達）位。四、修道位。五、究竟位。

如前所述，以理而證七轉識（明覺了知及作主心）非能持身、持命、持種，必定別有無覆無記性而離明覺了知之如來藏，能持有情之身根、命根、及一切業種，而非恒審思量、處處作主之末那識。更非每日眠熟即斷之六轉識—靈明覺了、寂而常照之心。

若不許有如來藏攝藏每日修學之一切世間出世間有漏無漏法種，則今日所學一切法，睡著即失，明日醒覺不能復憶；何況菩薩於資糧位修習信心一劫二劫乃至萬劫云何能憶？豈非唐捐其功？資糧位如是，加行位、見道位、修道位等莫不如是。故知定有如來藏一類無覆無記性心持身持命、持一切業種，故一切人能習學世間法，故一切佛子依其慧根能隨分修學無漏法。

既有修道五位差別，當知成佛須歷三大阿僧祇劫，若不許有如來藏持此生所修無漏法種而至來世，豈有他心能持吾人所修無漏法種諸功德、歷經三大無量數劫而成佛？故知必有如來藏，不應言「如來藏思想非佛說」。

若不許有能持種之如來藏，則違阿含四部教理：謂諸所起染淨品法皆成無所熏故。不熏成種，則應此世所作所修，皆唐捐其功，應一切人出生後之體性完全相同，而可以隨意教導塑造其性格。若出生後之一切染淨品法現起時，非由如來藏持過去世因種來至今生而現起，則同外道執自然生或天神神蹟。

若謂身色大腦能持種，此亦不然：身色及大腦唯有一生而已，間斷毀壞故，不能執持一切業種貫通三世，是故佛說：「由攝藏諸法、一切種子識，故名阿賴耶，勝者我開示。」

亦不應言：「不須如來藏持種往至來世，今生一悟即成究竟佛。成佛後之靈知明覺心永不消滅，佛恒在定，永不睡眠故。」若作此說，其過有五：

一者，若一悟即成究竟佛，則應世有多佛，即成大過。譬如佛未入滅前，大迦葉尊者已悟，應世有二佛。達摩大師未入滅前，慧可大師已悟，應世有二佛。六祖未入滅前，青原行思等五禪師已悟，應世有六佛。雪峰禪師未入滅前，有弟子百餘人悟道，應世有百餘佛。凡此皆違阿含四部佛語：世無二佛。

何故言「世無二佛」？彌勒菩薩開示云：

《又：於十方現有無量無數三千大千佛土，無二菩薩同時修集菩提資糧俱時圓滿、於一佛土並出於世、一時成佛；況有無量無數菩薩於一世界一時成佛？又不應言「衆多菩薩同時修集菩提資糧俱時圓滿，前後相避、次第成佛。」亦不應言「一切菩薩皆不成佛（唯佛能成佛）。」是故當知衆多菩薩同時修集菩提資糧俱時圓滿者，於十方面無量無數，隨其所淨空無如來諸佛國土各別出世，同時成佛。由此道理，多世界中決定應有衆多菩薩同時成佛，決定無有一佛土中有二如來俱時出世。何以故？菩薩長夜起如是願、隨令增長：「我當獨一，於無導首諸世界中為作導首，調伏有情，令脫衆苦，令般涅槃。」如是長夜所起大願隨令增長，攝受正行得成滿故，無二如來於一世界俱時出現。

又一如來於一三千大千佛土，普能施作一切佛事，是故第二如來出世，無所利益。又一如來於一佛土出現於世，令諸有情成辦自義極為熾盛，極為隨順。何以故？彼作是思：「一切世間唯一如來，更無第二。若於此土化事已訖，或往餘方或入滅度，我等何從當修梵行？我等何從當聞正法？」如是思已，發起深厚欲勤精進，速修梵行、速聞正法。若一佛土多佛出世，彼於所作不能速疾。故一佛土一佛出世，令諸有情成辦自義極為熾盛、極為隨順。》

誠如阿含四部諸經，佛處處說：「世無二佛同時出世。」故大迦葉尊者等人，乃至中土諸祖之已證悟者皆仍未是佛，乃菩薩見道—破所知障爾。見道後，隨其破所知障前之伏煩惱障及增上心學諸三昧等境界之差別不同，及隨佛修學一切種智等修道層次之差別不同，而有分證十地、八地、初地、十住、七住等等不同，乃至世尊「初會開悟弟子有八萬人退失」，故非一悟即成究竟佛。

密教所謂「即身成佛」，不同於禪宗「見性成佛」，多屬「觀行即佛」，皆非究竟佛。譬如密教馬爾巴尊者、密勒日巴尊者，雖名成佛，猶有眠夢；此即想陰未盡，未入四果，猶未斷盡煩惱障，猶未是菩薩阿羅漢、焉得便是究竟佛？是故成佛須歷三祇，於三祇劫之最後世成佛，並非第一次開悟便得成佛。故不應言「今世一悟即成究竟佛，不須悟後往至未來世成佛，故亦不必於過去世依如來藏持諸所修無漏業種來至今生。」故知必有如來藏，非了了常知之心，能由無量世前持諸業種來至今生；復執持今生所修無漏業種往至三大阿僧祇劫而成佛。

二者、若言「今世一悟即成究竟佛，不須如來藏從過去世持種來至今生。成佛後之明覺靈知心永不消滅，不須如來藏持種往至未來。」則應真如乃本無今有，從修而得。真如既因修行從緣而有，成佛後亦必隨修緣散壞而滅。則非本來自在，違佛金言。

若言成佛後不須有真如，亦違佛說，同於世俗外道見解。若言真如非由本有之如來藏修行清淨、斷盡二障而成，則成佛後忽然而有之真如乃是有生，有生則必有滅，則此真如是生滅法所生，定非真正成佛，此乃外道見也。

故知必有如來藏從過去無量世以來輪轉生死，持諸有漏無漏業種來至今世；復因見道後之無量劫修道，而能清淨所持業種，發起四智，改名真如。真如乃由本有之如來藏修道而成，非因成佛而忽然從無變有，故知定有本有之如來藏，非因修得。

三者、若言「不須如來藏持種由過去世來至今生，今生一悟即成究竟佛。」則是無過去世，同於一神教信仰，說為梵天所創造，即落六十二見外道法中。若言非神所創造，亦無過去世，只因父母之緣而有我人生命，即同唯物論之先祖─謂四大極微能成有情身心。亦是六十二外道見之一。

若無如來藏入胎持身而生，純因父母之緣，以四大極微假成吾人身心，則應身滅之後一切斷滅。則成佛之後，若入滅時亦應身心皆滅，同於斷見外道論議，若真如此，成佛有何意義？是故必有如來藏本來自在，持種不壞，由過去無量世來至今生，方能往至無量數劫之後成佛。

四者、若言「今世一悟即成究竟佛，不須如來藏持種由過去世來至今生，成佛後之明覺靈知心永不消滅，變成真如佛性。」此說實有大過。所以者何？明覺靈知、了了常知之心，不離見聞覺知之知，乃是意識，能作主之心乃是意根末那識，見聞嗅嚐觸之心乃是眼等五識。若成佛後之真如是由此七識變來，則成佛後應無七識，亦應佛無成所作智、妙觀察智、平等性智，便成大過。若言成佛後由此七識三智運作，不須有真如，則佛應無大圓鏡智，亦成大過。然阿含四部諸經中，佛多處說「諸佛有真如，有意根末那識，有眼等六識。」

又：能見聞覺知及能作主之心乃七轉識妄心，永遠不可能經由修行清淨而轉變成真如。若見聞覺知及作主之七轉識妄心能變成真如，則應佛無七識，應佛無成所作智等三，唯有大圓鏡智；亦應佛於初成佛時之剎那，即滅七轉識而入無餘依涅槃，則應世間無佛住世。既云佛有八識、有四智，則應有第八識真如與清淨七識並存。既云真如非從無變有，是本來常住，則必是由本來自在之如來藏清淨而成，故不應言「如來藏思想非佛說」。

五者、若言「今生一悟即成究竟佛，見聞覺知心於成佛時變為真如，不須如來藏持諸法種由過去無量世來至今生。」則有第五過：

《瑜伽師地論》卷三八，彌勒菩薩云：「又非女身能證無上正等菩提。何以故？一切菩薩於過第一無數劫時已捨女身。

乃至安坐妙菩提座，曾不為女。一切母邑性多煩惱，性多惡慧；非諸稟性多煩惱身、多惡慧身，能證無上正等菩提。」佛於諸部經中亦如是開示。

試觀古來大悟徹底之女人，如凌行婆等，其見地不讓趙州。若謂一悟即成究竟佛，則違彌勒菩薩開示，亦違佛說「世無女身得成佛者」。此諸女人今生悟已既非是佛，必須追溯其過去世第一次開悟之時算起，歷經一大無量數劫之後方捨女身，再經二大無量數劫方得成佛（唯除願力及攝衆方便示現）。則定有如來藏持其修道所熏淨業種，從過去無量世來至今生，復由今生持往未來無量世；乃至成佛，改名真如，亦永不壞滅。

明覺靈知心既每日斷滅，不能持種，能作主之末那識，由前所述亦非能持種心；定應別有能持種心，不生不滅，能由過去無量世持諸有漏無漏法種來至今生，轉至未來無量世而成佛。當知此心必是如來藏，非了了常知之心—意識，亦非處處作主之心—末那識。故不可說「如來藏思想非佛說。」

「如來藏乃一切善不善因，能遍興造一切趣生。」若不許有如來藏，一切法皆成斷滅，一切宗教亦歸幻滅。若實無如來藏，一切有情尚不能活至明日，何況能悟三乘道？何況能修道乃至成佛？故不應否定或批判如來藏思想。是故，若有推崇阿含四部聲聞法，而批判或否定大乘如來藏思想者，彼人其實不解阿含四部聲聞之法。何以故？彼尚不知阿含四部中佛世尊所說聲聞法密意故，彼未得證聲聞禪故。猶未能知聲聞禪與大乘禪之分際，何況能解大乘唯識如來藏思想之深奧秘密？

第三十三章　依醫學麻醉劑使用於手術之精神現象證有如來藏

近代西洋醫學發達，常以手術救護有情。手術前必先麻醉，使病患不知疼痛。然大手術之麻醉，其用藥份量之多寡，隨病人體重及五根之敏銳程度不同而有差別，此須經驗及臨床觀察。用藥太輕，病人將因開刀疼痛而掙扎，難免發生意外；用藥太重，可能使病人五勝義根毀壞致死，故麻醉藥之使用是一門專門學問。

今以病患大手術期間之全身麻醉狀況觀之，足以證實見聞覺知心—能見能聞之心、定中了了常知之心、明覺心、靈知心、寂照心……等，皆虛妄不實；亦足以證實確有如來藏。

使用麻醉藥後，病人之五根功能作用喪失，眼等六識之見聞覺知作用便告消失。可以證實吾人一念不生時之明覺心、靈知心、寂照心、了了常知之心等，乃因五根接觸外五塵而有。

能分別五塵境之意識心（明覺靈知心）乃由意根末那識觸五塵境後方有。若五根全部毀壞、或全身麻醉期間，五根不能接觸外境，則能見能聞能嗅能嚐能觸之前五識悉皆不起。五根不能作用故末那不觸法塵，則了了常知之意識心亦不能起。

古今多有名聞四方之大師，以一念不生之明覺心、靈知心、寂照心、了了常知之心為真實心，而非議少有名聲之真悟聖者。譬如雪竇重顯大師，乃大悟徹底之人，當時卻少有名氣，不被當代諸方大師及佛子重視。又如一代大師長蘆山夫鐵腳禪師，以其錯誤知見而非議五祖法演徹悟之人，致使五祖之弟子開盛覺禪師否定五祖，改投錯悟而名氣極大之夫鐵腳禪師。

錯悟之師雖於當代有大名聲、廣受盲目大眾供養，然不能歷經考驗而不衰。為免影響其名聞利養，一切真悟之人於其死前皆不指名道姓加以破斥。一旦命終，立即被真悟之人拈唱，戳破牛皮，敗闕一一顯現，不久銷聲匿跡。真悟之師不事聚眾宣傳，當時雖無大名聲、亦缺乏利養，然能以其真悟之見地，使其開示垂之久遠，千年不衰；直至今日，其開示語錄依然綻放智慧之光芒。

君若不信，且觀下文：今以麻醉藥施用於病人，而使病人全身失去知覺之現象，即足以證實一念不生時之明覺心、靈知心、寂照心、了了常知之心乃是意識心。不論此心住於定外定中，皆是意識；設能住於非想非非想定中，猶是意識，非真實心。今觀台灣大陸及國內國外之所謂證悟者，十有九人落此心中，以妄為真，成就大妄語業。更將錯誤知見刻梓成書，流通全球，廣泛誤導有情；將常見外道之法置於佛法之中，其罪彌天，難可懺除。

當知此心不離前五識，或與其一並起，或與其二並起，乃至或與其五並起，多少不定，然必不能離於五識而單獨起，亦不能離於五根而起。唯夢中及二禪以上之根本定中，方能離前五識而單獨現起。古今佛子大多定慧不分，常將修定誤作參禪，便以修定之法，將意識修至一念不生時，以一念不生時之靈明覺了、了了常知之意識心為真，便道是悟。

殊不知一旦有知，便落分別，能分別之心，即非真實如來藏。君若不信，何妨試思：一切鳥獸魚蟲心中皆無語言文字妄想，同於佛子之一念不生，而亦皆能各各辦事，不會錯將自己所排洩糞便當作食物，不會錯將他家認作己家，不會錯將他鳥他獸子女認作自己子女。彼等心中皆無語言妄想，皆一念不生而了了常知、明覺照了，然皆能嬉戲覓食，亦知閃避危險；凡此皆因知故、皆因覺故。有知有覺即是分別，非真實心。

觀乎現代國內外諸方大師所謂之悟，率以一念不生或定中之明覺心、靈知心、寂照心、了了常知之心為真實心，且道：汝等所悟此心能否分別？若不能分別，因何車來即知閃躲？因何口渴即知喝水？因何不會誤將餿茶吞嚥？定中能知之心因何能知冷熱？以針刺之，因何知痛？因何能分別引磬聲與非引磬聲？因何能分別應出定或繼續打坐？故說有知有覺即是分別，不論定中定外，亦不論知覺之心如何微細，設能細至非非想定，亦是分別心，皆不出三界，是故佛云：「覺觀名為世間境界。」

海內外一切大師若有不信吾言，來覓平實者；平實便當面以一小小機鋒令彼自己實驗，令彼自己證明此心之分別性，此後再無二話。故知一念不生之明覺心、靈知心、寂照心、了了常知之心等猶非真實心，非如來藏。定中微細之能知能照心亦復如是，不離境界之分別了知故。

須知住於根本四禪及四空定中之微細尋伺心，猶非無分別性之如來藏，何況行住坐臥中一念不生之明覺靈知心，極為粗糙明顯，焉得稱為無分別之真實心？修定之人，即使坐至不覺外境，若心中有知有覺，依然是分別心。能知能覺之心，不論如何微細，皆不離分別，能別境故。

若言「坐至無見聞覺知，即是能所雙亡，名為開悟。」此亦錯悟，吾於《護法集》中已有破斥，乃竟有無智佛子，依舊以進入未到地定中之無覺知境界而誤認為悟。此乃執著境界分段入出之法，不離意識境界。世尊曾訶言：「意識者，境界分段計著生。」即是訶責此類以定為禪之愚痴人。

若進入無見聞覺知境界中即是開悟，試問：在此境界中時，是誰開悟而住此境界？無也，意識已斷故。若然，云何名為開悟？須知開悟一事，必須有一能悟者，悟得法界之真實無分別心，方名開悟。今汝坐於未到地定中，無有見聞覺知者，是誰開悟明心？無也！而彼本來自在之無見聞覺知之無分別心，既無覺知，又無分別，即不能自己悟入，則汝住此定中，是誰證悟？無也！

在此境界又是悟得哪一個無分別心？汝在此境界中之無分別心又何在？皆不知也！以無有見聞覺知心、能知見彼無分別心故。

若坐至無見聞覺知時名為開悟明心，則汝離此境界時回復見聞覺知，應非是悟，須重新進入此境，方又是悟；如此則是時悟時迷，若人辛苦追求此無常生滅之悟，豈非愚痴？

若道「曾入無見聞覺知境界即是悟，一悟之後再回見聞覺知境界仍是悟。」則汝回復見聞覺知境界後，汝於定中曾有之「離見聞覺知之無分別心」現在何在？若現在猶在，應汝現在有二心：一為離見聞覺知之無分別心，二為能知無分別心之覺知心。若如是，應不須坐入無見聞覺知狀態方名為悟，應於一切見聞覺知境中，亦能覓得同時存在之離見聞覺知之無分別心。

若汝回到見聞覺知境界後，汝本有之「離見聞覺知之無分別心」消失，只餘有見聞覺知之妄心；則汝所悟之離見聞覺知心及能見聞覺知心，二者皆是時生時滅，互相輪替，則二者皆是生滅之心，則非是悟。若猶在，請問：「汝有見聞覺知時之無見聞覺知心何在？」不可說言「現在的見聞覺知心離見聞覺知，故現在無分別，故此見聞覺知中能分別之心，即是定中離見聞覺知之無分別心。」心若有覺有知，皆不離分別故；不應有時能分別，有時不能分別。亦不應有時有覺知，有時無覺知故，否則即成生滅變異之法。

故知能分別善惡美醜之心，永遠能分別善惡美醜；能了別境界之心，永遠能了別境界，功能體性永遠不變，永遠不會變為無分別心，永遠是能別境心。有變易故能有作用，故能別境。有變易故，易起易斷，眠熟即斷、入定即斷。乃是生滅心。

當知禪宗諸祖之證悟者，未曾有人因坐入未到地定中，以離見聞覺知境界之證得為悟。始從世尊，末至土城之廣欽老和尚，皆是一念相應而悟。悟得另一個與見聞覺知心同時存在之離見聞覺知心、悟得另一個與分別心同時存在之無分別心。如此方是悟得如來藏，方是真悟。

又：能所雙亡者，非指進入未到地定中之無見聞覺知境界。乃是於行住坐臥一切境界中皆不離兩邊、亦不即兩邊；不即能所而不離能所。真實如來藏—阿賴耶識，祂於一切見聞覺知中運作，而又離見聞覺知；不論醒睡迷悟，於一切時中皆是如此，方是能所雙亡之心，非以進入無見聞覺知之未到地定境界、暫時滅卻見聞覺知妄心為悟。若此是悟，一切外道修定，及佛子修定而證得定境者，皆應名為見道聖人；然佛說此乃未到地定境界──未到初禪地。此乃以定為禪。

吾於一九八五年仲夏，即已證得此境，當時知見不足，心疑是悟，後閱經典方知是定境。智者大師於《摩訶止觀、釋禪波羅蜜》中早有詳細解說，名之為未到地定境界。乃有愚痴之人，將我所示黃金說為黃銅──誣指離見聞覺知之如來藏非真心；將我早年所棄黃銅拾回，對衆說為黃金──誣指定境分段入出之修證為悟，愚痴已極。亦有少數愚痴佛子，隨彼愚人棄金取銅，令人感嘆末法佛子信根慧根之不足，乃至於斯！

若打坐進入無覺知狀態即名為悟，應一切人皆是悟者，一切人每夜入睡皆能離覺知故。若此不名為悟，亦可使用麻醉藥，全身麻醉而進入無覺知狀態。俟藥效退失，回復覺知，亦得名悟。則一切禪子皆可花數萬元聘請麻醉師為自己全身麻醉，嚐一次開悟的滋味，醒來便是見道之聖人，後世永不入三惡道，真便宜。然此諸錯悟之人，終不能答吾前所設難，故知非悟。

今觀全身麻醉之病人，不知痛癢，刀割其身尚不知覺，而亦不醒；未到地定中人，若以刀割、或針刺之，一二秒中必定覺醒，反不如全身麻醉之病人悟得深。若此為悟，寧有斯理？若言未到地定中雖離見聞覺知，但有微細之覺知；則汝依然有知，有知之心即能別境，非真實心，則汝悟處何在？

汝打坐入於無心定中，見聞覺知心斷已，即不存在，此時加以針刺刀割，亦應不知，不能復起見聞覺知心；非已消失之心自己能起故。然汝又能出定，見聞覺知心復起，當知必有另一無見聞覺知之持種心，持此見聞覺知心之種子，故能使已斷滅之見聞覺知心復起。否則，能覺知之心滅已，應同斷滅，一切入定之人應不能出定。

亦不可言：「見聞覺知心斷已，聞引磬聲時能自己回復見聞覺知。」亦不應言「見聞覺知心非斷滅心，只是暫離見聞覺知，聞磬即能回復見聞覺知。」所以者何？見聞覺知心既已離見聞覺知，尚不能聞暴雷鉅聲，何況能聞細小引磬聲？故能覺能知之心斷已，不能自己復起，必賴另一非見聞覺知之能持種心，經由外內相分及其「觸、作意、受、想、思」等心所之運作，而警覺其所藏之能覺能知心之種子現行，方能出定而回復見聞覺知。

吾人於回復覺知心之時，此一非覺知之持種心依然自在運作，不因吾人回復見聞覺知而消失。故真悟者一悟永悟，不以入定為悟，不以出定為非悟。唯除信慧不足之人，因自我否定而退失。

全身麻醉之病患亦復如是，於全身麻醉之手術過程中，覺知心消滅；此覺知心因何不能維持不滅？皆因色身五根被麻醉藥控制，不能作用，不觸五塵境，故法塵不現起。法塵不觸末那則意識不現起，便失覺知作用，故靈知明覺之心乃是意識。

此了知明覺之心，於麻藥失效後，不能自己現起；必須如來藏經由回復正常狀態之五根，感應外相分而現內相分五塵境，末那觸此內相分五塵境，便起作意欲加了別，便警覺如來藏現起見聞覺知心之種子，方能現起見聞覺知心而醒覺。若不許有「離見聞覺知之如來藏」能持身、持命、持八識種，則吾人全身麻醉而昏迷後，見聞覺知心應永不復起；以此證有如來藏。

第三十四章　依如來藏性證有如來藏

此章從缺。其故有四：

一、前三十三章所述，足資證明有如來藏，是故不說。

二、如來藏性關連佛性別相之密意，若明說，衆生不信，反將謗我，亦必謗法，成就地獄業，愛之適足以害之；我亦因此洩露密意，成就虧損如來之重罪，是故不說。

三、常見有諸禪子，以看見有情衆生具有能知能覺之體性，便道是眼見佛性；此乃落於妄知妄覺之中，若令其觀看山河無情之物，便不能見，非是眼見佛性。若為衆生明說如來藏性，佛子更易誤解，是故不說。

四、如來藏性牽涉佛性別相密意，然見性係於佛性之總相上見，方能眼見。若不具足定力慧力及福德莊嚴者，絕不能見。若為明說如來藏性，已破初參明心而尚未眼見佛性之禪子，讀之有害無益，反不能眼見，是故不說。

第三十五章　如來藏是一切法根本

由前三十三章所述事實及道理，可證如來藏思想真是佛說。聖彌勒菩薩亦以七種道理證成大乘經真是佛說：

一、先不記故：若大乘經是佛滅度後，諸餘外道為破佛說南傳佛法而作，或諸外道為破阿含經正法而作，何故世尊非如預見當起破佛法事，而於阿含四部之中預先宣示記別？佛一切智者，既未預先記別「當來之世有大乘經典，乃外道為破佛法而作」，則知大乘經典真是佛說，則如來藏系唯識經典真是佛說。

二、本俱行故：大小乘教本來俱行，四阿含中已有大乘菩薩教法及如來藏思想。末法時代之二乘學人不知世尊隱覆密意而說，乃以小乘法否定大乘經典及如來藏思想。然佛住世時已說大乘，非不曾說。

《雜阿含央掘魔羅經》云：「譬如貧怯士，遊行曠野中，卒聞猛虎氣，恐怖急馳走；聲聞緣覺人，不知摩訶衍（大乘），趣聞菩薩香，恐怖亦如是。」

又云：「一切眾生命，皆由飲食住，是則聲聞乘，斯非摩訶衍；所謂摩訶衍，離食常堅固。云何名為一？謂一切眾生，皆以如來藏，畢竟常安住。云何名為二？所謂名與色，是則聲聞乘，斯非摩訶衍。……。甚深如來藏，畢竟無衰老，是則摩訶衍，具足八聖道。……。大乘無量力，故佛不思議，方便隱覆說，無量修多羅。云何為一道？一乘及一歸、一諦與一依、一界亦一生、一色謂如來，是故說一乘。唯一究竟乘，餘悉是方便。」

是故，大小乘教本來俱行，若以小乘法而批判大乘如來藏唯識教者，非證悟智者之所能為，唯未悟之人乃能為之。

三、非餘境故：大乘所說法，廣大甚深，微妙至極。菩薩摩訶薩亦僅能說其少分，唯佛能具足說。如來藏所生一切種智唯識之理，證悟之大乘菩薩尚不能解，猶須親隨善知識學，方離頓悟菩薩位而入漸悟菩薩位，何況二乘阿羅漢辟支佛而能解之？羅漢辟支尚不能解，何況未悟之唯識研究學者？何況一般未悟及錯悟之法師居士？

一切種智唯識之學—如來藏之體用別相，唯真悟者隨善知識修學方能解之，此非餘人所知境界，亦非喜樂禪定及神通有為法等小根菩薩所知境界。未證悟之唯識專家，即使著作唯識書籍、量等其身，亦不過拾人牙慧耳，於宗教俱通之善知識前，便無置喙之餘地。

大乘如來藏系經典所說唯識諸法，甚深極甚深，非二乘羅漢辟支所能知之，設為說之，亦不信受，非其境故。證悟之菩薩方能說其少分，唯佛究竟位，方能具足說。豈有二乘淺易之理是佛所說，大乘如來藏深妙之理反而非佛所說之理？故諸大乘如來藏系唯識經典，真是佛說。

四、應極成故：若謂大乘法非本師釋迦牟尼佛所說，乃其他佛所說，則大乘經法真是佛說，如來藏思想真是佛說。若他佛能說、已說大乘經法，應釋迦牟尼佛亦能說已說大乘經法。若未說大乘經法，即是化緣未滿足，應不入滅，故大乘經法真是佛說。大乘經法既以如來藏之體、用、總相、別相等唯識學為主，則如來藏思想真是佛說，其理極成。

五、有無有故：或有人謂「別佛有大乘法體，本師佛無大乘法體，故本師佛不說大乘法，大乘法乃他佛所說。」既信他佛有大乘法體，佛佛道同故，應信本師佛亦有大乘法體，則大乘經真是佛說。既信有他佛說大乘法，則大乘法真是佛說。離此大乘經典法要，即無大乘故；若無大乘法，則應世間無佛出世，唯有阿羅漢辟支佛出世。

若無佛出世，是誰出世說聲聞法？故若無大乘，便無聲聞乘。聲聞乘既是佛說，今以聲聞法而非議能成佛之大乘法，寧有斯理？大乘經既是佛說，則大乘經中處處闡釋之如來藏思想真是佛說，其理可知。

六、能對治故：二乘法之見道及修道，唯能對治見思二惑所起煩惱。依大乘經所說見道修道諸法勤修行者，皆能引得無分別智；不唯能對治二乘所斷煩惱而得無生智與盡智，亦能對治無始無明上煩惱，能令佛子漸漸圓滿一切種智。

諸大乘經典所說般若空法，二乘聖人之未迴小向大者尚不能知，何況能知如來藏系唯識甚深之微妙經典法要？中土禪宗諸祖之開悟，多屬七住菩薩明心及十住菩薩眼見佛性，此乃如來藏體用總相之證悟；此二種境界，彼二乘人尚不能知，云何能知如來藏系唯識經典所說如來藏體用別相一切種智？此深奧如來藏唯識之學，不唯對治二乘所斷見思二惑，亦能對治諸佛所斷無始無明修道上煩惱，故大乘唯識如來藏思想真是佛說。

七、義異文故：大乘所說般若空法其義甚深，如來藏系唯識經典所說意趣又復倍深，非未見道之大乘佛子所知，非阿羅漢辟支佛所知，唯有大乘菩薩真見道者稍能知之，亦唯知總相耳。若見道之頓悟菩薩能不得少為足，能隨宗教俱通之善知識受學者，方能入漸悟菩薩位而稍知其別相；唯佛乃能具足知之、具足說之。

大乘般若空及如來藏系唯識經典，其義異文，大多隱覆密意而說其義。非未見道之法師居士所能知，更非不信佛之佛學研究者所能知，不可依文解義，便生誹謗，謂非佛說。不應因自己不能親證如來藏之體用總相別相，便否定之，否則即成誹謗三乘宗門正法。《法華經》云：「無二亦無三，唯有一佛乘。」唯一佛乘者，真如佛性也，三乘宗門正法皆由如來藏而生故；否定如來藏、不許有如來藏，即成斷滅論故。

《長阿含卷七、弊宿經》即曾反覆說明有如來藏，或說為識，或說為神，或說識神，證非斷滅。茲摘錄部份以饗讀者：

《婆羅門言：「我所封村，人有作賊者，伺察所得，將詣我所，語我言：『此人為賊，唯願治之。』我敕左右收縛此人。生剝其皮，求其神識，而都不見。又敕左右臠割其肉，以求識神，又復不見。又敕左右截其筋脈，骨間求神，又復不見。又敕左右，打骨出髓，髓中求神，又復不見。迦葉！我以此緣，知無他世。」

迦葉復言：「諸有智者，以譬喻得解，我今復當為汝引喻……有一梵志奉事火神……時此梵志以少因緣欲遊人間，語小兒曰：『我有少緣，欲暫出行。汝善守護此火，慎勿使滅。若火滅者，當以鑽鑽木，取火燃之。』具誡敕已，出林遊行。

梵志去後，小兒貪戲，不數視火，火遂便滅。小兒戲還，見火已滅，懊惱而言：『我所為非。我父去時具約敕我：守護此火，慎勿令滅。而我貪戲，致使火滅，當如之何？』彼時小兒吹灰求火，不能得已，便以斧劈薪求火，復不能得。又復斬薪置於臼中，擣以求火，又不能得。

爾時梵志於人間還，詣彼林所，問小兒曰：『吾先敕汝，使守護火，火不滅耶？』小兒對曰：『我向出戲，不時護視，火今已滅。』復問小兒：『汝以何方便更求火耶？』小兒報曰：『火出於木，我以斧破木求火，不得火。復斬之令碎，置於臼中，杵擣求火，復不能得。』時彼梵志以鑽鑽木出火，積薪而燃，告小兒曰：『夫欲求火，法應如此。不應破析、杵碎而求。』婆羅門！汝亦如是無有方便，皮剝死人而求識神。汝不可以目前現事觀於衆生。婆羅門！有比丘，初夜後夜捐除睡眠，精勤不懈，專念道品，以三昧力修淨天眼。以天眼力，觀於衆生死此生彼、從彼生此，壽命長短、顏色好醜，隨行受報善惡之趣，皆悉知見。汝不可以穢濁肉眼，不能徹見衆生所趣，便言無也。婆羅門！以此可知必有他世。」

……又語婆羅門：「汝今宜捨此惡邪見，勿為長夜自增苦惱。」婆羅門言：「我不能捨。所以然者，我自生來，長夜諷誦，翫（玩）習堅固，何可捨耶？」迦葉復言：「諸有智者以譬喻得解。我今當更為汝引喻：乃往久遠，有一國土，其土邊疆，人民荒壞。彼國有二人，一智一愚，自相謂言：『我是汝親，共汝出城，採侶求財。』即尋相隨，詣一空聚，見地有麻。即語愚者：『共取持歸』。時彼二人各取一擔。復過前村，見有麻縷，其一智者言：『麻縷成功，輕細可取。』其一人言：『我已取麻，繫縛牢固，不能捨也。』其一智者即取麻縷，重擔而去。復共前進，見有麻布。其一智者言：『麻布成功，輕細可取。』彼一人言：『我以取麻，繫縛牢固，不能復捨。』其一智者即捨麻縷，取布自重。復共前行，見有劫貝。其一智者言：『劫貝價貴，輕細可取。』彼一人言：『我已取麻，繫縛牢固，齎來道遠，不能捨也。』時一智者即捨麻布而取劫貝。如是前行，見劫貝縷。次見白疊、次見白銅、次見白銀、次見黃金。其一智者言：『若無金者，當取白銀。若無白銀，當取白銅乃至麻縷，若無麻縷，當取麻爾。今者此村大有黃金，集寶之上；汝宜捨麻，我當捨銀，共取黃金，自重而歸。』彼一人言：『我取此麻，繫縛牢固，齎來道遠，不能捨也。汝欲取者，自隨汝意。』其一智者捨銀取金，重擔而歸其家。親族遙見彼人大得金寶，歡喜奉迎。時得金者見親族迎，復大歡喜。其無智人負麻而歸居家，親族見之不悅，亦不起迎；其負麻者倍增憂愧。婆羅門！汝今宜捨惡習邪見，勿為長

夜自增苦惱，如負痲人執意堅固，不取金寶，負痲而歸，空自疲勞，親族不悅，長夜貧窮，自增憂苦也。」》

是故佛子應學智人，勿學愚人；莫隨順一神教之佛學研究者語，立場不同故。莫學不信佛之佛學研究者語，彼等以研究佛學為職業，彼不信佛故不事修學，為邀名聞而研究佛學，無有證量，不能教導吾人親證佛法。

亦莫隨順教內諸崇尚聲聞法而貶抑大乘法之法師居士語，彼等尚不能知聲聞法阿含四部中之聲聞三十七道品中密意，亦未能證，何能知阿含四部中之如來藏密意？更不能知大乘般若空諸經中之如來藏密意，云何能知如來藏系唯識經典之密意？竟敢誹謗如來藏思想，謂非佛說。

諸有佛子，若隨順彼等，執此邪見，謂無如來藏、或謂如來藏思想非佛說者，不論執此邪見以來歷時久暫，皆應盡速棄捨，改取正見。莫學彼愚人取痲而歸，當學彼智人捨銀取金而歸。

當知彼等法師居士，唯能效法不信佛之佛教研究者，以考證佛經出現之年代早晚而批判如來藏思想。殊不知如來藏思想早於阿含四部中隱覆密意而說，乃佛金口所宣，焉得謂非佛說？佛云：「不知見藏識故，起常見。」即訶此類人也。

故此類人往往說言：「一切皆是緣起性空，無一法可得。」又怕他人責彼為斷滅見，便道：「無妄想時了了常知之心是真實心，永不壞滅。」卻同常見外道，一般無二。既認自己不同於斷見外道，又認自己不同於常見外道，卻執常見外道所說「無妄想時了了常知之真我」為真實不壞之心。

然此心非真，已如前述；若執此心為真，再無別有真實不滅之心，則同斷見論之外道，非佛法也。若知此心非真，而覓不著如來藏；不能親證故，乃否定有如來藏，主張如來藏思想非佛說者，身壞命終後，不免泥犁之報。

若言：「我之謗法，師教我作，我為師作，不應我受。」

其實不然，凡所作業，皆自作自受。師教人謗，別有其果，身

壞命終，彼師自受。一切因果各自受報，互不相代。恭錄經文，以為明證：

《中阿含卷六，舍梨子相應品：梵志陀然經》

《……梵志陀然復再三請食，尊者舍梨子亦再三語曰：「止！止！陀然，但心喜足。」是時梵志陀然問曰：「舍梨子，何故入如是家而不肯食？」答曰：「陀然，汝不精進，犯於禁戒。依傍於王，欺誑梵志居士；依傍梵志居士，欺誑於王。」梵志陀然答曰：「舍梨子，當知我今在家，以家業為事。我應自安隱供養父母，瞻視妻子，供給奴婢，當輸王租，祠祀諸天，祭餟先祖及布施沙門梵志，為後生天而得長壽、得樂果報故。舍梨子，是一切事不可得疑，一向從法。」於是尊者舍梨子告曰：「陀然，我今問汝，隨所解答。梵志陀然，於意云何？若使有人為父母故而行作惡。因惡行故，（於後）身壞命終，趣至惡處，生地獄中。生地獄已，獄卒執捉，極苦治時，彼向獄卒而作是語：『獄卒當知：莫苦治我，所以者何？

我為父母故而行作惡。』云何陀然？彼人可得從地獄卒而脫此苦耶？」答曰：「不也！」復問陀然：「若復有人為妻子故而行作惡，……彼人可得從獄卒而脫此苦耶？……（廣說乃至）若復有人為王、為天、為先祖、為沙門梵志而作惡。因作惡故身壞命終，趣至惡處，生地獄中。生地獄已，獄卒執捉，極苦治時，彼向獄卒而作是語：『獄卒當知，莫苦治我，所以者何？我為王、為天、為先祖、為沙門梵志故而行作惡。』云何陀然，彼人可得從地獄卒，脫此苦耶？」答曰：「不也！」》

是故有智之人，不隨假名善知識而謗大乘根本正法；不隨一知半解之假名善知識而謗大乘經典；不隨有定無慧、追求境界之假名善知識誤認外道所說「真我」為如來藏，而誹謗真正之如來藏；不隨諸多推崇小乘法、不解大乘法之假名善知識而誹謗大乘如來藏思想。何以故？雖因師教而謗正法、說為非法，所作諸業果報皆須自受，不能推諉於師。師教人謗，另有其果，由彼自受；亦不因吾人受苦報故使彼不受苦報。各造業因，各自受報，互不相代。

《中阿含卷五一，跋陀和利經》佛云：「**若此眾生，成就身惡行、口意惡行，誹謗聖人，邪見成就邪見業；彼因緣此，身壞命終必至惡處，生地獄中。**若此眾生成就身妙行、口意妙行，不誹謗聖人，正見成就正見業；彼因緣此，身壞命終，必昇善處，上生天中。」

今觀愚痴無智之人，隨於一神教中之佛學學者，及不信佛之佛學學者而誹謗大乘根本正法者；或隨諸習學聲聞法之法師居士，敢以聲聞法誹謗如來藏系大乘經典者，乃因心疑有無果報所致。此諸人等每思：「我雖批判大乘經典所說如來藏思想，而亦不見有佛菩薩告誡懲罰於我。我亦不見有何果報於我身受，故批判大乘經典如來藏思想應無果報。」便無所懼而恣意評判弘傳如來藏妙法之證悟者。

既曾批判，立場已定，則不容他人規勸。若有人說「如來藏思想真是佛說」，便覺有失顏面，乃生瞋恚，誹謗賢聖，都不畏懼誹謗正法賢聖後應受果報。然我世尊於阿含四部中，處處說有果報，說身壞命終方報。譬如《雜阿含經卷四十七，第一二四四經》云：

《如是我聞：一時佛住舍衛國祇樹給孤獨園。爾時世尊告諸比丘：「有燒燃法、不燒燃法，諦聽善思，當爲汝說。云何燒燃法？若男若女犯戒，行惡不善法，身惡行成就，口意惡行成就。若彼後時疾病困苦、沉頓床褥，受諸苦毒。當於爾時，先所行惡，悉皆憶念；譬如大山，日西影覆。如是衆生，**先所行惡身口意業諸不善法，臨終悉現，心乃追悔**：『咄哉！咄哉！先不修善，但行衆惡，當墮惡趣受諸苦毒。』憶念是已，心生燒燃，心生變悔。心生悔已，不得善心；命終後世亦不善心相續生。是名燒燃法。云何不燒燃？若男子女人受持淨戒，修眞實法；身善業成就，口意善業成就；臨壽終時身遭苦患，沉頓床褥，衆苦觸身。彼心憶念先修善法：身善行、口意善行成就。當於爾時攀緣善法：『我作如是身口意善，不爲衆惡；

當生善趣，不墮惡趣。』心不變悔。不變悔故，善心命終，後世續善。是名不燒燃法。》

是故有情果報皆於一期生死結束，身壞命終之時方現，不應因此時未現，便言無報。若不信者，迨至命終，果報現前時方欲追悔，已無能力救贖，特宜慎之。

又：阿含四部，佛處處說：「誹謗賢聖，長劫受苦。」何況誹謗三乘佛法根本之如來藏正法者？更何況以常見斷見外道法混淆正法，矯辯為真如者而不下地獄、長劫受苦？茲恭錄《雜阿含經卷四八第一二七八經》以奉學人：

《如是我聞：一時佛住王舍城迦蘭陀竹園。時有瞿迦梨比丘，是提婆達多伴黨；來詣佛所，稽首佛足，退坐一面。

爾時世尊告瞿迦梨比丘：「瞿迦梨，汝何故於舍利弗、目犍連清淨梵行所，起不淨心？長夜當得不饒益苦。」瞿迦梨比丘白佛言：「世尊，我今信世尊語所說無異，但舍利弗、大目犍連心有惡欲。」如是第二第三說，瞿迦梨比丘提婆達多伴黨，於世尊所再三說中，違反不受，從座起去。

去已，其身周遍生諸瘡皆如栗，漸漸增長，皆如桃李。時瞿迦梨比丘患苦痛，口說是言：「極燒！極燒！」膿血流出，身壞命終，生大缽曇摩地獄。

時有三天子，容色絕妙；於後夜時來詣佛所，稽首佛足，退坐一面。時一天子白佛言：「瞿迦梨比丘，提婆達多伴黨，今已命終。」時第二天子作是言：「諸尊當知：瞿迦梨比丘命終墮地獄中。」第三天子即說偈言：

士夫生世間　斧在口中生　還自斬其身　斯由其惡言
應毀便稱譽　應譽而便毀　其罪生於口　死墮惡道中
博弈亡失財　此非為大咎　毀佛及聲聞　是則為大過

彼三天子說是偈已，即沒不現。爾時世尊夜過，晨朝來入僧中，於大眾前敷座而坐，告諸比丘：「昨後夜時，有三天子來詣我所，稽首佛足，退坐一面。第一天子語我言：『世尊，瞿迦梨比丘，提婆達多伴黨，今已命終。』第二天子語餘天子言：『瞿迦梨比丘命終，墮地獄中。』第三天子即說偈言：

『士夫生世間　斧在口中生　還自斬其身　斯由其惡言
應毀便稱譽　應譽而便毀　其罪口中生　死則墮惡道』

說是偈已，即沒不現。諸比丘，汝等欲聞生阿浮陀地獄衆生，其壽齊限不？」諸比丘白佛：「今正是時，唯願世尊爲諸大衆，說阿浮陀地獄衆生壽命齊限，諸比丘聞已，當受奉行。」佛告比丘：「諦聽善思，當爲汝說。譬如拘薩羅國四斗爲一阿羅，四阿羅爲一獨籠那，十六獨籠那爲一闍摩那，十六闍摩那爲一摩尼，二十摩尼爲一佉梨，二十佉梨爲一倉，滿（一倉）中芥子。若使有人百年百年取一芥子，如是乃至滿倉芥子都盡，阿浮陀地獄衆生壽命猶故不盡。」

「如是二十阿浮陀地獄衆生壽，等一尼羅浮陀地獄衆生壽；二十尼羅浮陀地獄衆生壽，等一阿吒吒地獄衆生壽；二十阿吒吒地獄衆生壽，等一阿波波地獄衆生壽；二十阿波波地獄衆生壽，等一阿休休地獄衆生壽；二十阿休休地獄衆生壽，等一優鉢羅地獄衆生壽；二十優鉢羅地獄衆生壽，等一鉢曇摩地獄衆生壽；二十鉢曇摩地獄衆生壽，等一摩訶鉢曇摩地獄衆生壽。」

「比丘！彼瞿迦梨比丘命終，墮摩訶鉢曇摩地獄中；以彼於尊者舍利弗、大目揵連比丘，生惡心誹謗故。是故諸比丘當作是學：於彼燒燋炷所，尚不欲毀壞，況毀壞有識衆生？」佛告諸比丘：「當如是學。」佛說此經已，諸比丘聞佛所說，歡喜奉行。》

誹謗賢聖之人，尚且不免於長劫地獄中輾轉受苦，何況以外道法矯辯為真實心，而否定真實如來藏之佛門中外道，能不入大鉢曇摩地獄中？更何況否定三乘佛法根本之如來藏，誣說「世間無如來藏」之佛學研究者而不入地獄長劫受苦？

若有已曾誹謗正法及賢聖者，應速懺悔改正，將來身壞命終時方有歸依處，有經為證：

《別譯雜阿含經卷四第八六經》

《如是我聞：一時佛在舍衛國祇樹給孤獨園。爾時有一老婆羅門，年耆根熟。先於往日多造衆惡，極爲粗弊，毀犯所禁。不信福善，不先作福，臨終之時無所依止。往詣佛所，問訊佛已，在一面坐而白佛言：「世尊！我於往日多造衆惡，極爲粗弊，毀犯所禁；不能修福，又不修善，亦復不能先作福德。臨終之時，無所依止。」

佛言：「實如汝語。」老婆羅門言：「善哉瞿曇！當爲我說，使我長夜獲於安樂，得義得利。」佛言：「實如汝說：汝於往日身口意業，不作善行，毀犯禁戒，不修福德，不能先造臨命終時作所怙恃，汝於今者實爲衰老。先造衆罪，所作粗惡；不造福業，不修善行，不能先造可畏之時所歸依處。譬如有人將欲死時，思願逃避入善舍宅，以自救護；如是之事都不可得。是故今當身修善行，意口亦然；若三業善，臨命終時即是舍宅，可逃避處。」爾時世尊即說偈言：

人生壽命促　必將付於死　衰老之所侵　無有能救者

是以應畏死　唯有入佛法　若修善法者　是則歸依處》次二、三經亦如是說。

若已曾誹謗賢聖及大乘經典如來藏思想，或曾否定真正之如來藏，而代以外道常見法者，當速懺悔其罪，以有限之餘年改而讚嘆賢聖，依諸大乘經典，而廣為人宣說如來藏總別相之深妙唯識道理。對於一切正確宣揚如來藏深密微妙正法之人，皆應於大衆中高聲隨喜讚嘆，鼎力護持。若能如是，此生或有因緣親近真善知識而證悟如來藏。若不能證悟，亦可得無根之信，免入地獄。引經為證：

《增一阿含經卷三十九第七經》

《佛告王曰：「世有二種人無罪而命終，如屈伸臂頃得生天上。云何爲二？一者不造罪本而修其善；二者爲罪，改其所造。是謂二人而取命終，生於天上，亦無流滯。」爾時世尊便說此偈：

人作極惡行　悔過轉微薄　日悔無懈息　罪根永已拔

「是故大王！當以法治化，莫以非法。夫以法治化者，身壞命終，生善處天上。……。」爾時阿闍世王即從座起，頭面禮佛足，便退而去。王去不遠，佛告諸比丘：「今此阿闍世王不取父王害者，今日應得初沙門果證，在四雙八輩之中，亦復得賢聖八品道，除去八愛，超越八難。雖爾，今猶獲大幸—得無根之信。是故比丘，爲罪之人，當求方便，成無根之信。我優婆塞中，得無根信者，所謂阿闍世王是也。」爾時諸比丘聞佛所說，歡喜奉行。》

是故，已曾誹謗賢聖及大乘如來藏系唯識經典者，或曾以外道常見法矯辯為真心，而誹謗他人所傳真正之如來藏心者；不論其為自意所作、或因師教而作，皆應儘速悔罪，改其所造。以先誹謗賢聖及大乘如來藏系唯識經典之舌及筆，改而護持弘傳大乘如來藏法門之賢聖；此生設或未能證悟如來藏，至少亦可得大乘法之無根信，來世不入惡道，不謗正法，不亦善乎？

由前三十三章所舉證據，既證有如來藏，可知如來藏思想真是佛說，大乘經典真是佛說。大乘經典既是佛說，於今不妨引述大乘經典而說謗法因果。

《無上依經》卷上，佛云：「阿難！若人貪著三有，**誹謗大乘，名一闡提，墮邪定聚。**」若謗大乘經典即成一闡提—斷善根人。

《大乘入楞伽經》卷二，佛云：「復次大慧！此中一闡提，何故於解脫中不生欲樂？大慧！以捨一切善根故，為無始衆生起願故。**云何捨一切善根？謂謗菩薩藏，言『此非隨順契經調伏解脫之說』。作是語時，善根悉斷，不入涅槃。**」是故佛子莫謗大乘經典，莫謗大乘經典所說如來藏法。蓋如來藏妙法乃大乘菩薩藏之根本，三世一切佛皆依此成就佛道。

如來藏及其所生七轉識等八識心王，能生一切法，一切世間亦由有情之如來藏共同變現，故我佛子，莫因未能證悟如來藏而批判或否定如來藏思想，如來藏是三乘諸法根本，是世出世間一切法之所依，名為無上依。

以上三十五章，乃為未證如來藏者而說，為諸批判如來藏大法之聲聞信徒而說，為諸錯認如來藏而否定真正如來藏之佛門中外道而說。亦為已證悟如來藏總相而不知別相之初果或別教七住菩薩而說。

然已證之人，應時時思惟體會如來藏之「空性、無我、無相、無願」之體性，使見聞覺知心常住空、無我、無作三昧，方得名為「證圓成實性、遠離圓成實性」而得解脱。故為證悟之人說言：「執著如來藏即成恒內執我，即落遍計我執性中。」即不得解脱輪迴。若執「見聞覺知妄心亦由如來藏生，一真一切真，故能覺能知之妄心即是真心，不必另覓如來藏，不必修除妄心相應諸煩惱。」即墮見聞覺知妄心之依他起性中，亦不能解脱，名為凡夫。若已證悟者，執妄心亦是真心體性之一，故不精勤斷諸煩惱、修諸善行，便成「極盡七有往返而盡苦邊」之懈怠初果菩薩，是故證圓成實性已，應遠離依他起性、遍計執性、圓成實性等法執。

此外，證悟如來藏之人，不應得少為足。證悟如來藏—禪宗之開悟明心、密宗（覺囊派）之大手印大圓滿，僅悟得如來藏之總相而已，眼見佛性者亦僅悟得如來藏性之總相而已；至於密宗四大派古今祖師，迄未見有一人證悟。如來藏之別相及佛性之別相悉皆不知，焉能過牢關？更何況成佛？故應親隨宗教俱通、定慧等持之真善知識，再學一切種智—如來藏系經典及成唯識論；亦應再學增上心學—四禪八定及八背捨。不應得少為足，認為一悟即成究竟佛，不必再學法，而成增上慢人。否則即不能於見道位通達，即不能入漸悟菩薩修道位，永不能成就一切種智，欲求成佛，遙遙無期矣。

第三十六章　如來藏唯識智慧之密意不應明說

有法師云：「佛法沒有秘密，無一法不可明說。」若有作此說者，其人不解世尊密意，名「未見道者」。所以者何？大乘禪之見道者，既證如來藏已，必覺親切無比，亦知衆生中之信力、慧力、福德不具足者，必定不信；若為明說，必定誹謗。故須信力、慧力、福德，三皆具足者方可引導使悟，否則易退；不原所得，便謗正法；謗善知識助彼所悟者非真如來藏，棄聖教量之完全印證而不顧，轉謂大乘經典非佛說，取常見外道所說定中能知之心為真正如來藏，退回凡夫外道見中。

譬如世尊初成佛後，於天世間初轉法輪，說如來藏般若，會中數億人天證無生忍。然其中有八萬人天，因信力、慧力、福德不具足，隨後退失，退回常見外道凡夫位中。亦有不信佛所說法而謗佛者。佛乃告誡弟子們，不可明說，當觀根器方可為說。

《雜阿含央掘魔羅經》卷四有載：

《爾時央掘魔羅白佛言：「世尊！奇哉！如來哀愍一切眾生，爲第一難事。」佛告央掘魔羅：「非是如來爲第一難事，**更有第一難事：謂於未來正法住世餘八十年，安慰說此摩訶衍經、常恒不變如來之藏，是爲甚難。若有眾生持諸同類，是亦甚難；若有眾生聞說如來常恒不變如來之藏，隨順如實，是亦甚難。**」央掘魔羅白佛言：「世尊！何如爲難？」

佛告央掘魔羅：「譬如大地，荷四重擔。何等爲四？一者大水，二者大山，三者草木，四者眾生。如是大地荷此四擔。」央掘魔羅白佛言：「如是，世尊！」佛告央掘魔羅：「非是大地荷四重擔。所以者何？餘復更有重擔者。」央掘魔羅白佛言：「誰耶？世尊！」

佛告央掘魔羅：「正法住世餘八十年，菩薩摩訶薩爲一切眾生演說如來常恒不變如來之藏，當荷四擔。何等爲四？謂兇惡像類，常欲加害；而不顧存亡，棄捨身命，要說如來常恒不變如來之藏，是名初擔重於一切衆山積聚。兇惡像類非優婆塞，以一闡提而毀罵之，聞悉能忍，是第二擔、重於一切大水積聚。無緣得爲國王大臣大力勇將及其眷屬說如來藏，唯爲下劣形殘貧乞、堪忍演說，是第三擔、重於一切衆生大聚。窮守邊地多惱之處，衣食湯藥衆具粗弊，一切苦觸，無一可樂；男悉邪謗、女人少信，城郭丘聚豐樂之處不得止住，是第四擔、重於一切草木積聚。若能荷此四重擔者，是名能荷大擔菩薩摩訶薩。」

「若菩薩摩訶薩於正法欲滅餘八十年，棄捨身命，演說如來常恒不變如來之藏，是爲甚難。若能維持彼諸衆生，是亦甚難。彼諸衆生聞說如來常恒不變如來之藏，能起信樂，是亦甚難。」

「復次，央掘魔羅！非是如來爲第一難事，今當更說復有難事。譬如士夫，其壽無量；過無量百千億歲，以一毛端渧大海水。復過是數，以一毛渧；乃至將竭，餘如牛跡，爲甚難不？」央掘魔羅言：「甚難世尊！不可稱說。」佛告央掘魔羅：「此不爲難，更有甚難。」央掘魔羅言：「誰耶？世尊！」佛告央掘魔羅：「正法住世餘八十年，若有菩薩摩訶薩棄捨身命，演說如來常恒不變如來之藏，是爲甚難。」

「復次央掘魔羅！非是如來爲第一難事，更有難事。央掘魔羅，譬如士夫擔須彌山王及大地大海，經百億歲，此爲大力第一難不？」央掘魔羅白佛言：「如是，如來境界非彼聲聞緣覺所及。」佛告央掘魔羅：「彼非大力，非爲甚難。若以大海一塵爲百千億分，百千億劫持一塵去，乃至將竭餘如牛跡，復能擔負須彌山王大地河海百千億劫，而彼不能於正法住世餘八十年時，演說如來常恒不變如來之藏。唯有菩薩人中之雄，能說如來常恒不變如來之藏，護持正法。我說此人第一甚難。」

「復次央掘魔羅！譬如士夫，能以水滅三千大千世界熾然盛火，如是士夫爲甚難不？」央掘魔羅白佛言：「世尊！滅一天下火，尚爲極難，況復三千大千世界？是爲甚難。」佛言：

「如是，央掘魔羅！未來世中，持戒衆減，犯戒衆增，正法住世餘八十年，菩薩摩訶薩棄捨身命奴婢牛羊非法財物，種種清淨宣說正法，演說如來常恒不變如來之藏，此何士夫？」央掘魔羅白佛言：「唯佛能知，非聲聞緣覺。爾時護持世間淨法，猶尚爲難，何況世出世間上上如來常恒不變如來之藏？如彼士夫能以水滅三千大千世界熾然盛火，極爲甚難。若於未來正法住世餘八十年，菩薩摩訶薩棄捨身命，演說如來常恒不變如來之藏，當知彼人即是如來。」佛告央掘魔羅：「善哉善哉！善男子！我亦如是說。一切如來說彼士夫所爲難事，不得邊際。」

「復次善男子！譬如百川入于大海，別流不現。如是士夫所得智慧，一切士夫來入其中，悉皆不現。復次善男子！譬如大海不受死屍；如是士夫無諸戲行、家愛、家病、雜亂非法。誇如來藏者，不與同止。如是士夫極爲甚難，維持彼衆及聽法者，是亦甚難。」》

難信難受故，不可對新學菩薩明說如來藏，亦不可為其引導。要須其人自參自悟，自己整理之後，自行承擔；方不致謗法及輕洩密意，而使世尊正法速滅。是故弘傳大乘宗門正法之師，欲度人前，當先觀察彼人是否為新學菩薩？若非新學，方可施用引導機鋒而度之。

《央掘魔羅白佛言：「世尊！菩薩摩訶薩成就幾相，名非新學？」佛告央掘魔羅：「善男子！菩薩摩訶薩成就八相，名非新學。何等爲八？一者知法，二者知思量持，三者供養父母，四者知師恩，五者厭諸惡見，六者離一切相輕慢、不調伏、不善不淨之物，七者不思欲、乃至夢中亦不起想，八者敬重於戒。如是菩薩摩訶薩成就八相，非爲新學。」

「復次菩薩摩訶薩成就八相，非爲新學，何等爲八？一者說摩訶衍（大乘），二者分明演說如來之藏而不厭捨，三者不貪財物，四者慈悲喜捨忍，五者視一切衆生猶如一子，六者近善知識，七者離惡知識，八者世利知足。菩薩成就如是八相，非爲新學。」

「復次，菩薩成就八相，非爲新學。何等爲八？一者安慰知量美說，二者不嬉戲，三者煩惱微薄忍，四者聞一切經忍，五者降伏睡眠，六者不懶惰，七者精勤不放逸，八者常樂求戒。菩薩成就如是八相，非爲新學。」

「復次，菩薩成就八相，非爲新學。何等爲八？一者眞實，二者鮮淨、樂習淨事，三者光澤，四者端政，五者遠離女人（謂離世間女人性也），六者遠離親族（謂離親族世法之攀緣），七者聞惡恐怖，彼彼惱亂、身毛皆竪，八者愍念衆生。菩薩成就如是八相，非爲新學。」

「復次，菩薩成就八相，非爲新學。何等爲八？一者善知佛說魔說差別，二者恭敬知經者，三者知律非律差別二隱覆，四者善知如來隱覆之說，五者知如來秘密，六者善知隨順世間事，七者善知如來常恒不變，八者善知菩薩惡非惡事、善知時、方、自、能。菩薩成就如是八相，非爲新學。」

「成就四十相身念法，是菩薩非爲新學。若無四十功德，若半、減半，當知是善男子善女人不住摩訶衍，亦不入諸菩薩數。是故菩薩行，則爲甚難。彼何等勝功德？謂無欲想，乃至夢中亦不起心，當知是人有一切覺支殊勝功德。」》

是故當觀根器而後度之，不可無所揀擇，便以如來藏深妙之法而度之。是故佛於《楞伽經》云：「諸菩薩摩訶薩，欲證勝法如來藏阿賴耶識者，應當修行令清淨故。」是故佛誡吾人證如來藏後，不可明說，當隱覆而說：

《阿含經》中，佛云：「我說道者，說何等道？道有二種：謂聲聞道及菩薩道。彼聲聞道者謂八聖道，菩薩道者謂一切衆生皆有如來藏。我次第斷諸煩惱，得佛性，不動快樂，甚可愛樂。若不斷者，恒輪轉生死。我已稱說道，憂悲毒刺拔。憂悲者謂煩惱義，拔刺者謂如來。我斷除無量煩惱，為大醫王，汝等當從我受，我當示汝如來之藏。汝等應當作者：**隱覆說義**。」

衆生信力慧力不具足故，不能信離諸覺觀之如來藏，不能分別何為正說？何為邪說？若為彼明說如來藏總相，彼不能信受，無能分辨，便謗正法，是故當遵佛誡：**隱覆說義**。

若說別相，應對已破參而不退失者方可細說之。是故平時開示或上座說法，面對一般佛子，凡開示第一義諦如來藏時，應遵佛誡：**隱覆說義**——隱覆如來藏總相密意而說第一義諦。

此前既已依理、依四阿含之聲聞緣覺法、依大乘般若空法而證有如來藏，亦證大乘經典真是佛說。今則不妨引述大乘如來藏系經典中，佛菩薩告誡吾人不可輕洩如來藏密意之金言，以警覺現在、未來證悟之菩薩，以免弘法不慎，洩露密意，成就虧損如來之重罪。

《大寶積經》卷一一〇，佛言：「諸比丘！從今以往，於不信前勿說此經；求經過者，慎勿示之。於尼乾子、尼乾部眾諸外道中，亦勿說之。（佛子）不恭敬渴請，亦勿為說。若違我教，虧損法事，此人則為虧損如來。」

如來藏乃佛所說之空性，聲聞法及緣覺法皆不離菩薩法所說如來藏空性。然此如來藏空性之演述，必須隱覆密意而說；非為吝嗇法施，乃顧慮衆生信力、慧力、福德之不具足者，若為明說，反害彼不信，轉而謗法及謗說法賢聖，便成就地獄業。故諸佛菩薩及諸祖師傳此法時皆極謹慎，寧可一宗一派，至自己手中懸絶，亦不敢明說密意；故有禪宗諸祖，扮諸神頭鬼臉，設諸言語機鋒，絞盡腦汁，大費周章，無比辛苦。皆為不敢明說密意，故有千般公案，皆為密示如來藏空性而作。假名善知識有所不知，便以為說反話即是禪，便於書中說道：「生薑長在樹上，蘋果生在地下。」以反話及不合常理之作為及應答為禪，一何可笑！

是故如來藏系經典云：

空性隨應說　不應演非處　若演於非處　甘露即為毒

二乘緣起空法，隨處皆可演示，唯如來藏空性不得隨處開示，是故佛於阿含經中說云：「我當示汝如來之藏，汝等應當作者：**隱覆說義。**」若不觀根器而為一切人明說者，不唯不能助彼解脫，所說之法反成毒藥，必斷彼人法身慧命，乃至害彼謗法而入地獄。毒藥害人，唯害一生；此空性之毒害人，延續無量世；必使彼人捨報後墮落地獄，長劫受苦，何益人乎？是故一切證悟之人，當遵佛誡：「**隱覆說義。**」三乘宗門正法，方能久住人間。

編案：①本書於西元一九九七年仲秋完稿付梓。

②本書內容，自一九九七年十月三日起，每逢週五晚間七時，於台北市佛教正覺同修會正覺講堂開示，預計年底圓滿。

附錄一 佛子之省思

末學自一九九一年起，與大衆共修以來已經七年，從未預期今日之局面。先前只因證實佛說眼見佛性一事，願將個人之所證提供大衆參考，同得眼見佛性。大衆若得見性，吾願已達，便擬引退潛修。不料佛子聞風而來，漸聚漸衆，使我無法罷休，乃至今日有十處道場共修無相念佛法門，實非末學本意。

前年復有幾位同修，因信受月溪「法師」之邪法，以知見不足及喜樂追求定中境界入出之有所得法，定慧不分，不能忍於如來藏之本來無生，退回凡夫境界，轉而執取能見聞覺知之心為真，棄我所示如來藏猶若敝屣。不能辨別佛性真覺與七轉識妄覺之分際，不能了知離見聞覺知之如來藏與不離見聞覺知之佛性之分際。猶如凡夫不解心與心所有法之分際，便於同修之間以月溪法師之邪法否定如來藏正法，破壞大乘宗門正法，幾使吾人所傳正法根本發生動搖。末學因情勢所逼，乃說《護法集》，藉摧邪說，而顯正法。

《護法集》出已，復由衆同修齊心合力，分寄諸方寺院精舍道場共三千餘冊，唯有十餘冊因拒收而退回。距今不過半年，月溪之邪法泰半弭平，邀約論辯之大德極少，反蒙教界前輩諸多嘉勉。如今唯餘極少數無智之人仍信月溪，不信佛所說經；然因其數甚少，亦無力反駁我所引述佛說諸經，已不能危害大乘宗門正法之弘傳。

回顧去年，宋〇力、〇天、〇海等事件尚未爆發前，月溪邪法盛極一時，台灣由北至南，有許多大居士、大法師互通聲息，互相串連，共同弘揚月溪之法。今日因《護法集》光明所照，幾已銷聲匿跡，少有敢再公開弘揚月溪之邪法者，乃至避之唯恐不及。則大乘宗門正法之永續流傳，不再如一髮危秋，佛日增輝已可預期。凡此皆我衆同修善根圓滿、信根具足，乃能鼎力護持，使《護法集》得以出版流通所致，則我諸同修護持大乘宗門正法功德無量無邊，必成未來世速成佛道之正因也。末學謹在此恭賀大衆，並虔誠一心隨喜諸位之廣大功德。

返觀佛教界近幾年來之怪象：譬如宋○力、○天、○海、○極門……等事件，在在莫不顯示佛法之被誤解、衆生之被誤導，大乘宗門正法之根本幾至動搖。凡此皆種因於臨濟宗門正法之懸絕，只餘法脈形式之傳承所致。是故台灣蕞爾一島，於東西南北中，各有大法師大居士雄據一方，自以為悟而傳授心地法門，乃至有以教授氣功為生者亦自以為悟，亦教人明心見性法門。若不及早摧邪顯正，將來台灣可能連道教、一貫道、勘輿者、乃至相命卜卦者都會自以為悟，而接踵效法傳布自以為是之明心見性法門。

台灣近十年來之所以會有許多自以為悟之大居士大法師，各據一方而傳互不相同之「明心見性」法門者，早期佛教界老前輩實應負重大責任。蓋因彼等或以見聞覺知心為真實心、或以無妄想之心為真實心，或以明覺心為真實心、或以坐至內外統一虛空粉碎為開悟、或以坐入未到地定中無見聞覺知之境界入出法說為能所雙亡之悟……。凡此皆是誤導衆生以定為禪，皆非般若、非祖師禪，是故〇天等附佛法外道，由打坐修定至無妄想時，便以靈明寂照之心為真如，便自以為悟。又因被月溪誤導，及誤會六祖壇經「一悟即至佛地」之方便說，便自認已成佛，竟敢鑄造銅像，供人膜拜供養；衆生愚痴，奉為真佛，令人悲憫。

亦有大法師大居士以聲聞法，教人觀緣起性空，若得現觀緣起空，便以為證得大乘法之空性，如此謂為祖師禪、大乘禪。不知猶未證得如來藏空性，設或得悟，亦不過如朗波田、瑪哈西之聲聞禪而已，猶未明大乘禪、祖師禪也。

更有甚者，竟有佛學泰斗之法師，附和外國一神教學者，隨同批判如來藏思想，暗示「如來藏思想非佛說」，遂有某些崇尚聲聞法之法師及居士，盲從附和廣說，斲喪佛法大樹之根本，自壞法城，乃愚痴中最。以此可知：我諸同修為護大乘宗門正法之所應為者，尚有許多可供著力之處。乃與諸同修發起成立「社團法人台北市佛教正覺同修會」，凝聚力量，共同護持弘揚大乘宗門正法，期能久遠。

末學亦藉此成立大會機緣，表達個人對於諸位同修熱心護法之敬意。憶昔籌備《護法集》出版事宜時，面對月溪邪法弘傳者之龐大潮流，部份同修顧慮：欲以我等微弱之力量獨自與之抗衡，無異以卵擊石。建議末學三思而後行。末學三思之後，認為「為護宗門正法，不論可不可行，皆應勉力而為。」乃堅持予以出版流通。所幸我諸同修皆能體認護持大乘宗門正法之重要性而鼎力支持，復因教界許多前輩之聰明睿智及廣大佛子們之理智探討，以及佛菩薩之威神示現護持，乃使正法得以顯揚，邪法銷聲匿跡。末學在此重申無上之敬意，再次感謝諸位同修出錢出力、感謝教界諸多前輩支持、感謝無數有智佛子之拋棄成見、理智探討。

然近年來亦有良好跡象出現，首先是「現代禪」李元松老師宣佈今年將繼續以往二年多之閉關潛修，不對外接引新進人員，以免道業「根本不立，急切弘法」之弊。此實台灣佛教各道場皆應斟酌參考效法者。

近日復見傳播媒體報導，謂佛光山已開始封山潛修，暫停廣泛接引信衆，足見星雲大師之睿智，令人敬佩。目前教內一切自認悟得心地法門者，實應以諸了義經自求印證。若未能與拙著《護法集》所引述諸了義經完全相符印證，即非真悟，若因此為人開示、主持禪七及印證者，則徒衆越多，罪業越大，將來身壞命終，必難逃三塗果報。

近年有某大師持戒精嚴、有大神通而名聞中外。然因開示第一義佛法諸多錯誤（例如：一萬隻螞蟻的真如合起來才能成為一個人的真如……等），雖然持戒精嚴，有大神通，亦不否定及抵制大乘宗門正法，然身壞命終後仍不免落入鬼神道，何況否定及抵制大乘宗門正法者而不入地獄？諸方老宿新秀，凡為大衆開示第一義宗門正法及為人主持禪七、印證開悟者，皆應以彼大師捨報前及捨報後之現象為鑑，敬慎戒懼，庶免步其後塵，淪落鬼神道。尤其不可抵制大乘宗門正法，以免身壞命終後下墮地獄。再得人身，已是百劫之後，何其苦痛？

值此南北二大教團以其睿智而封山潛修之際，仍有許多未悟言悟之師落入大妄語業中而不自知，仍繼續以錯誤知見為人傳授及印證，復陷廣大徒眾於大妄語業中，將來捨報時如何免得地獄業？因此吾人為眾生計，乃提三點建議：

一、我諸同修應以同修會為中心，聯合正信之教團，分工合作，努力將第一義佛法之正確知見廣泛傳播，以導正教內普遍存在、似是而非之錯誤知見。則須仰賴諸位同修之發心出力，將《護法集》普遍流通於全台灣、乃至全世界有佛子活動之地區，則佛子們之第一義知見便可漸次導正，不落大妄語業中。

二、弘傳推廣大乘宗門正法之餘，大眾亦應歷緣對境之中努力消除性障，除斷修所斷惑；並應深修三乘共道之禪定、背捨，邁向俱解脫。亦應於破初參頓悟後求重關眼見佛性。眼見佛性後，切勿以悟得如來藏之體用總相為足，應效法大慧菩薩而入漸悟菩薩位，深入證驗如來藏之體用別相，藉以啟發增益一切種智，則能破牢關而漸斷塵沙惑，未來世中方能速成佛道。此則必須親隨宗教俱通之善知識學習一切種智——成唯識論及諸如來藏系經典。莫因破參頓悟如來藏之總相，便得少為足而排斥悟後起修；否則即成小根小器，非菩薩種性。

三、正覺同修會既已成立，末學將退居幕後，不任理事長。嗣後本會會務及財務運作，皆依理事長及理事會選派之人員，依制度公開化、透明化而運作。個人將專心講經說法，並思考弘法之內容與次第。理事長一職應另推舉「有心、有閑、有德、有能」之同修輪流出任、統理本會會務、推廣弘法業務。希望眾同修鼎力護持本會，大眾不存私心，不堅持己見，凡事為本會會務及弘法業務之順利推展與大乘宗門正法久住而設想，期能藉本會之久住世間與會務推展，漸使佛教界弊絕風清，附佛法外道銷聲匿跡、大乘宗門正法綿延不絕。謹此

祝願

正覺會務業務永續發展正法久住

正見佛子宿業性障皆除早得盡智

菩薩戒子　蕭平實　再拜重託

一九九七年六月七日講於台北市佛教正覺同修會成立大會

附錄二　真假開悟之簡易辨正法

一、請回答下列四個問題：

1.您所悟之心是常？或無常？答：

2.您所悟之心是有變易？或無變易？答：

3.您所悟之心是有作用？或無作用？答：

4.您所悟之心是下列諸心中哪一心？①一念不生寂而常照之靈知心。②無思惟之靈知心。③清清楚楚明明白白能作主之心。④無分別之明覺心。⑤專心課誦、專心做事的心。⑥遍滿虛空無見聞覺知的心。⑦遍滿虛空而能覺知的心。⑧打坐進入定中能知能見之心。⑨打坐入定時不聞外聲、不見外境之靈知心。⑩打坐入定後無見聞覺知之心。⑪証得神足通，能離開色身飛來飛去的心。⑫神通之心。⑬十方唯一虛空，是吾人共有之真心，是常，祂有殊勝之體性及能量，能生吾人之知覺心等變易作用。⑭無相念佛之心。⑮能看見話的前頭的心。（以上諸心乃常見外道及勝論外道之常，其實非常。）⑯沒有如來藏真如，一切皆空，一切法緣起緣滅，無佛無法無僧，亦無解脫。（此乃斷見，依常見之心而有）答：

二、辨正：

例一：

所悟之心
（例：無分別之明覺心）

- 非常：無分別之明覺心或無思惟之寂照心等，乃常見外道之常，非真常。於五位中、間斷故非常（昏迷時、睡而無夢時、入無心定時、滅受想定時、死亡時皆斷滅）。入無餘依涅槃時亦滅。心若明覺則必有知，知即是分別，分別心必是變易心，此心非常。同於常見外道之常。
- 常
  - 若無變易
    - 應無作用：此心無變易故無作用。若無作用，應如頑空土石，無覺無知，即非有情之真心。真心應有作用，方是有情之心。
    - 若有作用：若有作用則非無變易，則是非常。有作用、有變易，則必有知覺，知與覺皆是有分別之心，則是非常，非真心也。
  - 若有變易
    - 應有作用：無分別之明覺心若以虛空之能量勝性為本源者，則虛空應有變易，有變易則是非常，非真心也。
    - 若無作用：無分別之明覺心若無作用，則非有變易，是常。若常無變易，則一切有情應如肉攤上之段肉或死屍。

例二：

所悟之心
（例：定中能知能觀之心）

- 常
  - 若無作用
    - 應無變易：無變易故，應定中無知，則非定中能知之心。若落於虛空，應如頑空土石，無覺無知，非有情真心，悟之何用？
    - 若有變易：則非無作用，是故能知。知即分別，分別心應是無常，乃生滅之法，以此為真心者，悟之何用？
  - 若有作用
    - 應有變易：有作用、有變易，故定中能知，則是分別心。故定外吾人能知吃飯說法。既有知，即落變易，則是非常，是生滅法，非真心中道也。
    - 若無變易：定中能知之心既無變易，則不應有作用，方是常。無作用則不知，不知則非定中能知之心。若此心常而不變易，則成佛前後相同，不必學佛修道便已是究竟佛，便不須拜師學禪及修道，不須參禪開悟。
- 非常：如例一所示，不重述。第四問所說諸心皆常見外道之常，實非真常。

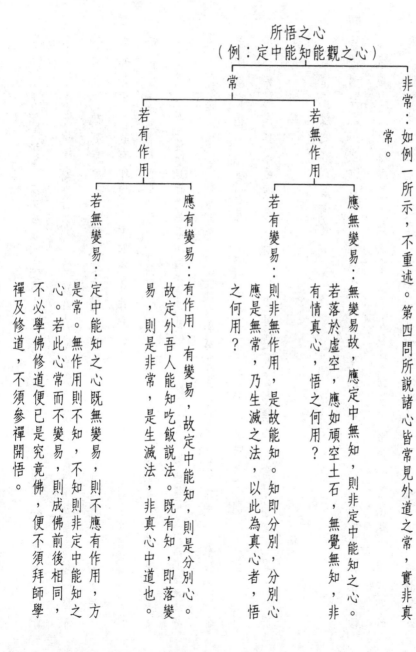

三、唯如來藏（阿賴耶、菴摩羅識）異熟性故，其體永不壞滅而內容有變易、有作用，故成佛時能變為真如，故非常非斷。如來藏於五位中及無餘依涅槃中皆自在，故非無常。不生滅之主體識中、有諸異熟及等流種子流注變易，故非是常，故有作用。唯如來藏非有變易（主體自在、不生滅、不增減故），非無變易（內有異熟果種及修道清淨法種流注變易故）。非有作用（離六塵見聞覺知而於五位中寂照不滅任運隨緣而不動故，醒時亦同故），非無作用（若無作用，一切有情頓成死屍）。故唯如來藏非常非無常，非有變易非無變易，非有作用非無作用，名為中道實相，餘者皆非。若以一念不生、無思惟時、寂照之靈知心……等，錯認為如來藏或真如時，則與外道及民間信仰之常見論者無異，非佛法也。

且道：汝之如來藏何在？

四、證悟者非以打坐進入某境界為悟，非以見某形相、見某定境定相為悟。悟如來藏者乃無境界法、無入出法，乃無所得法，唯是**一念相應**而證知如來藏本體，智慧因之現起耳。真悟者以**一念相應慧**，而隨時隨地皆能體驗如來藏之運作，極為具體，絕非虛無縹緲之想像。證如來藏者若是有形像法、有境界法、有定境法，皆是因緣假合所成，故有所得；若有所得即是變易，不久必壞，於五位中不能持續不斷，不能自在。有他心通者若無證悟之**一念相應慧**，亦不知悟者所悟之內涵；有天眼通者若無重關之**一念相應慧**，亦不能以其天眼而見佛性。佛性無形無相，然能以父母所生眼而親見，非無定力者以破初參之智慧想像所能見，何況未悟凡夫？故禪非禪定，乃般若耳，唯**一念相應**耳。

須摩提長者經：佛云：「……我爾時伸手按地，魔衆眷屬即便破散，我以所知所得所覺之法，當現證驗，應得成道。爾時即集無量功德智慧，以**一念相應慧**得成阿耨多羅三藐三菩提而轉法輪，自得成就，亦復成就一切衆生。」

菩薩藏經：「爾時佛告舍利弗……以此善根、願一切衆生得阿耨多羅三藐三菩提、得一切智。如先釋迦牟尼佛坐菩提樹下，住不可思議無垢定，降伏惡魔，所有諸法可知可見可覺。於夜後分、明星出時，以**一念相應慧**，行滅苦道，得證醍醐。」

大寶積經卷*111*，佛云：「生死無邊際，常住於實際，**一念慧相應**，生死無疲倦。」故知禪乃般若智慧，一念相應而得悟。不可將禪定有境界法、有入出法、有所得法，說之為禪。

如來藏無形無相，然真實可證，悟前即與妄心同在，非因悟而從無變有，非因修定除煩惱而將了了常知、明覺寂照之七轉識妄心變為如來藏。如來藏不落境界中，於六塵中隨緣而應，然不會六塵六入。祂與七轉識妄心和合似一，行相極細故難悟知。

且道：汝本有之如來藏何在？

五應明五時三教：佛於菩提樹下、吉祥草上成佛後，七日中不動不語時，其莊嚴報身於天法界說《華嚴經》，此第一時也。七日後以應化身遊行人間，覓憍陳如五人，於鹿野苑說聲聞法，建立僧團，此第二時第一教也。後說大乘般若空，以如來藏空性中道義而說蘊處界等一切法空、遣聲聞教之執著「我空法有」，此第三時第二教也。由此能與論主諍，故說唯識經典：《如來藏經、楞伽經、無上依經、同性經、不增不減經、顯識經、大般涅槃經……等》如來藏系經典。則聲聞緣覺法與大乘般若空之爭執化為烏有，融合圓滿，此第四時第三教—如來藏唯識教也。佛滅前，為示華嚴法界真實，故說法華，而三教圓滿，此第五時也。阿含中之二乘法乃第二時第一教，然以隱含大乘法教於其中，今人不明，妄以如來藏非真，妄以唯識為假想觀，非悟者也。唯識如來藏經典既是最後說，應是最究竟法。乃竟以先說之方便化城法而非議後說之究竟法，寧有斯理？譬如世間法律，後立之法優於先立之法，母法優於子法。佛法亦如是，後說之法究竟於先說之法，唯識如來藏系經典諸法是母，是根本；除去母法，則餘般若法空及二乘我空等法，皆無所附麗，同於外道斷滅論者。故不應因自身未能證得如來藏，便學一神教學者之思想，否定佛晚期及於諸天所說諸如來藏系唯識經典。若予否定，佛教正法不久即滅，淪為哲學或日本道元禪學流類。則月光菩薩尚未出世，佛法已先滅盡矣！吾人因此獲罪，為大為小？未來無量生中果報慘痛無量無邊，能思之乎？敢思之乎？而如來藏真實有，吾不引述如來藏系經典，亦能以30種理由，不洩漏密意而證實有如來藏，未證及錯悟之人所不能知也。

謹以本文上陳諸方知識，伏請鑒察，莫再批判如來藏思想，停止否定大乘經典，中止錯誤之印證，則佛教幸甚！佛子幸甚！

末學蕭平實謹製（1997.3.4.增補）

若愚所分別　彼法（如來藏）非有者
既無一切法　眾生應無染
以有雜染法（如來藏）　無明愛所繫
能起生死身　諸根悉具足
謂若愚分別　此法（如來藏）皆無者
則無諸根生　彼非正修行
若無有此法（如來藏）　而為生死因
愚夫不待修　自然而解脫

若無有彼法（如來藏）　凡聖云何別
亦則無聖人　修行三解脫
諸蘊及人法　自共相無相
諸緣及諸根　我為聲聞說
惟心（如來藏）及非因　諸地與自在
內證淨真如　我為佛子說
未來世當有　身著於袈裟
妄說於有無　毀壞我正法

變起諸果報　謂諸識及意
意從賴耶生　識從末那起
賴耶起諸心　如海起波浪
習氣以為因　隨緣而生起
剎那相鉤鎖　取自心境界
種種諸形相　意根等識生
由無始惡習　似外境而生
所見唯自心　非外道所了

正智依真如　而起諸三昧
　如幻首楞嚴　如是等差別
得入於初地　自在及神通
　成就如幻智　諸佛灌其頂
見世間虛妄　是時心轉依
　獲得歡喜地　諸地及佛地

自內現證法　地地而修治
捨離諸外道　應說是大乘
說解脫法門　如兔角摩尼
捨離於分別　離死及遷滅
教由理故成　理由教故顯
當依此教理　勿更餘分別

——大乘入楞伽經卷七——

若如是知唯識教意，便能無倒，善備資糧，
速入法空，證無上覺，救拔含識生死輪迴。
非全撥無、惡取空者，違背教理，能成是事。
故定應信：一切唯識。

——大唐三藏法師　玄奘菩薩——

佛菩提二主要道次第概要表——二道並修，以外無別佛法

佛菩提道——大菩提道

十信位修集信心——一劫乃至一萬劫

遠波羅蜜多

資糧位

初住位修集布施功德（以財施爲主）。
二住位修集持戒功德。
三住位修集忍辱功德。
四住位修集精進功德。
五住位修集禪定功德。
六住位修集般若功德（熏習般若中觀及斷我見，加行位也）。

外門廣修六度萬行

見道位

七住位明心般若正觀現前，親證本來自性清淨涅槃。
八住位起於一切法現觀般若中道。漸除性障。
十住位眼見佛性，世界如幻觀成就。
一至十行位，於廣行六度萬行中，依般若中道慧，現觀陰處界猶如陽焰，至第十行滿心位，陽焰觀成就。
一至十迴向位熏習一切種智；修除性障，唯留最後一分思惑不斷。第十迴向滿心位成就菩薩道如夢觀。

內門廣修六度萬行

初地：第十迴向位滿心時，成就道種智一分（八識心王一一親證後，領受五法、三自性、七種第一義、七種性自性、二種無我法）復由勇發十無盡願，成通達位菩薩。復又永伏性障而不具斷，能證慧解脫而不取證，由大願故留惑潤生。此地主修法施波羅蜜多及百法明門。證「猶如鏡像」現觀，故滿初地心。

二地：初地功德滿足以後，再成就道種智一分而入二地；主修戒波羅蜜多及一切種智。滿心位成就「猶如光影」現觀，戒行自然清淨。

解脫道：二乘菩提

→ 斷三縛結，成初果解脫
→ 薄貪瞋癡，成二果解脫
→ 斷五下分結，成三果解脫

入地前的四加行令煩惱障現行悉斷，成四果解脫，留惑潤生。分段生死已斷，煩惱障習氣種子開始斷除，兼斷無始無明上煩惱。

近波羅蜜多

大波羅蜜多

圓滿波羅蜜多

修道位

三地：二地滿心再證道種智一分，故入三地。此地主修忍波羅蜜多及四禪八定、四無量心、五神通。能成就俱解脫果而不取證，留惑潤生。滿心位成就「猶如谷響」現觀及無漏妙定意生身。

四地：由三地再證道種智一分故入四地。主修精進波羅蜜多，於此土及他方世界廣度有緣，無有疲倦。進修一切種智，滿心位成就「如水中月」現觀。

五地：由四地再證道種智一分故入五地。主修禪定波羅蜜多及一切種智，斷除下乘涅槃貪。滿心位成就「變化所成」現觀。

六地：由五地再證道種智一分故入六地。此地主修般若波羅蜜多——依道種智現觀十二因緣一一有支及意生身化身，皆自心眞如變化所現，「非有似有」，成就細相觀，不由加行而自然證得滅盡定，成俱解脫大乘無學。

七地：由六地「非有似有」現觀，再證道種智一分故入七地。此地主修一切種智及方便波羅蜜多，由重觀十二有支一一支中之流轉門及還滅門一切細相，成就方便善巧，念念隨入滅盡定。滿心位證得「如犍闥婆城」現觀。

七地滿心斷除故意保留之最後一分思惑時，煩惱障所攝色、受、想三陰有漏習氣種子全部斷盡。

八地：由七地極細相觀成就故再證道種智一分而入八地。此地主修一切種智及願波羅蜜多。至滿心位純無相觀任運恆起，故於相土自在，滿心位復證「如實覺知諸法相意生身」故。

九地：由八地再證道種智一分故入九地。主修力波羅蜜多及一切種智，成就四無礙，滿心位證得「種類俱生無行作意生身」。

十地：由九地再證道種智一分故入此地。此地主修一切種智——智波羅蜜多。滿心位起大法智雲，及現起大法智雲所含藏種種功德，成受職菩薩。

等覺：由十地道種智成就故入此地。此地應修一切種智，圓滿等覺地無生法忍；於百劫中修集極廣大福德，以之圓滿三十二大人相及無量隨形好。

煩惱障所攝行、識二陰無漏習氣種子任運漸斷，所知障所攝上煩惱任運漸斷。

究竟位

妙覺：示現受生人間已斷盡煩惱障一切習氣種子，並斷盡所知障一切隨眠，永斷變易生死無明，成就大般涅槃，四智圓明。人間捨壽後，報身常住色究竟天利樂十方地上菩薩；以諸化身利樂有情，永無盡期，成就究竟佛道。

斷盡變易生死成就大般涅槃

圓滿成就究竟佛果

佛子蕭平實 謹製
（二〇〇九、〇二 修訂）
（二〇一二、〇二 增補）

佛教正覺同修會〈修學佛道次第表〉

第一階段

* 以憶佛及拜佛方式修習動中定力。
* 學第一義佛法及禪法知見。
* 無相拜佛功夫成就。
* 具備一念相續功夫—動靜中皆能看話頭。
* 努力培植福德資糧，勤修三福淨業。

第二階段

* 參話頭，參公案。
* 開悟明心，一片悟境。
* 鍛鍊功夫求見佛性。
* 眼見佛性〈餘五根亦如是〉親見世界如幻，成就如幻觀。
* 學習禪門差別智。
* 深入第一義經典。
* 修除性障及隨分修學禪定。
* 修證十行位陽焰觀。

第三階段

* 學一切種智真實正理—楞伽經、解深密經、成唯識論…。
* 參究末後句。
* 解悟末後句。
* 透牢關—親自體驗所悟末後句境界，親見實相，無得無失。
* 救護一切衆生迴向正道。護持了義正法，修證十迴向位如夢觀。
* 發十無盡願，修習百法明門，親證猶如鏡像現觀。
* 修除五蓋，發起禪定。持一切善法戒。親證猶如光影現觀。
* 進修四禪八定、四無量心、五神通。進修大乘種智，求證猶如谷響現觀。

佛教正覺同修會 共修現況 及 招生公告　2017/12/21

一、共修現況：（請在共修時間來電，以免無人接聽。）

台北正覺講堂 103 台北市承德路三段 277 號九樓 捷運淡水線圓山站旁
Tel..**總機** 02-25957295（晚上）（**分機：九樓**辦公室 10、11；知客櫃檯 12、13。 **十樓**知客櫃檯 15、16；書局櫃檯 14。 **五樓**辦公室 18；知客櫃檯 19。**二樓**辦公室 20；知客櫃檯 21。）
Fax..25954493

第一講堂　台北市承德路三段 277 號九樓

禪淨班：週一晚班、週三晚班、週四晚班、週五晚班、週六下午班、週六上午班（共修期間二年半，全程免費。皆須報名建立學籍後始可參加共修，欲報名者詳見本公告末頁。）

進階班：週一晚班、週三晚班、週四晚班、週五晚班（禪淨班結業後轉入共修）。

增上班：瑜伽師地論詳解：每月單數週之週末 17.50～20.50。平實導師講解，2003 年 2 月開講至今，預計 2019 年圓滿，僅限已明心之會員參加。

禪門差別智：每月第一週日全天　平實導師主講（事冗暫停）。

大法鼓經詳解　詳解末法時代大乘佛法修行之道。佛教正法消毒妙藥塗於大鼓而以擊之，凡有眾生聞之者，一切邪見鉅毒悉皆消殞；此經即是大法鼓之正義，凡聞之者，所有邪見之毒悉皆滅除，見道不難；亦能發起菩薩無量功德，是故諸大菩薩遠從諸方佛土來此娑婆聞修此經。平實導師主講，定於 2017 年 12 月底起，每逢周二晚上開講，第一至第六講堂都可同時聽聞，歡迎已發成佛大願的菩薩種性學人，攜眷共同參與此殊勝法會現場聞法，不限制聽講資格。本會學員憑上課證進入第一至第四講堂聽講，會外學人請以身分證件換證進入聽講（此爲大樓管理處安全管理規定之要求，敬請諒解）；第五及第六講堂（B1、B2）對外開放，不需出示任何證件，請由大樓側門直接進入。

第二講堂　台北市承德路三段 267 號十樓。

禪淨班：週一晚上班。

進階班：週三晚班、週四晚班、週五晚班、週六下午班。禪淨班結業後轉入共修。

大法鼓經詳解：平實導師講解。每週二 18.50~20.50 影像音聲即時傳輸

第三講堂　台北市承德路三段 277 號五樓。

禪淨班：週六下午班。

進階班：週一晚班、週三晚班、週四晚班、週五晚班。

大法鼓經詳解：平實導師講解。每週二 18.50~20.50 影像音聲即時傳輸

第四講堂　台北市承德路三段 267 號二樓。

進階班：週一晚上班、週三晚上班、週四晚上班（禪淨班結業後轉入共修）。

大法鼓經詳解：平實導師講解。每週二 18.50~20.50 影像音聲即時傳輸

第五、第六講堂

念佛班 每週日晚上，第六講堂共修（B2），一切求生極樂世界的三寶弟子皆可參加，不限制共修資格。

進階班：週一晚班、週三晚班、週四晚班。

大法鼓經詳解：平實導師講解。每週二 18.50~20.50 影像音聲即時傳輸。第五、第六講堂爲**開放式講堂**，不需以身分證件換證即可進入聽講，台北市承德路三段 267 號地下一樓、地下二樓。每逢週二晚上講經時段開放給會外人士自由聽經，請由大樓側面梯階逕行進入聽講。**聽講者請尊重講者的著作權及肖像權，請勿錄音錄影，以免違法；若有錄音錄影被查獲者，將依法處理。**

正覺祖師堂 大溪鎮美華里信義路 650 巷坑底 5 之 6 號（台 3 號省道 34 公里處 妙法寺對面斜坡道進入）電話 03-3886110 傳眞 03-3881692 本堂供奉 克勤圓悟大師，專供會員每年四月、十月各三次精進禪三共修，兼作本會出家菩薩掛單常住之用。除禪三時間以外，每逢單月第一週之週日 9:00~17:00 開放會內、外人士參訪，當天並提供午齋結緣。教內共修團體或道場，得另申請其餘時間作團體參訪，務請事先與常住確定日期，以便安排常住菩薩接引導覽，亦免妨礙常住菩薩之日常作息及修行。

桃園正覺講堂（第一、第二講堂）：桃園市介壽路 286、288 號 10 樓（陽明運動公園對面）電話：03-3749363（請於共修時聯繫，或與台北聯繫）

禪淨班：週一晚上班（1）、週一晚上班（2）、週三晚上班、週四晚上班、週五晚上班。

進階班：週四晚班、週五晚班、週六上午班。

增上班：雙週六晚上班（增上重播班）。

大法鼓經詳解：平實導師講解。每週二晚上，以台北正覺講堂所錄 DVD 放映；歡迎會外學人共同聽講，不需出示身分證件。

新竹正覺講堂 新竹市東光路 55 號二樓之一 電話 03-5724297（晚上）

第一講堂：

禪淨班：週一晚上班、週五晚上班、週六上午班。

進階班：週三晚上班、週四晚上班（由禪淨班結業後轉入共修）。

增上班：單週六晚上班。雙週六晚上班（重播班）。

大法鼓經詳解：平實導師講解。每週二晚上，以台北正覺講堂所錄 DVD 放映。歡迎會外學人共同聽講，不需出示身分證件。

第二講堂：

禪淨班：週三晚上班、週四晚上班。

大法鼓經詳解：每週二晚上與第一講堂同時播放佛藏經詳解 DVD。

第三、第四講堂：裝修完畢，即將開放。

台中正覺講堂　04-23816090（晚上）

第一講堂　台中市南屯區五權西路二段666號13樓之四（國泰世華銀行樓上。鄰近縣市經第一高速公路前來者，由五權西路交流道可以快速到達，大樓旁有停車場，對面有素食館）。

禪淨班：週三晚上班、週四晚上班。

進階班：週一晚上班、週六上午班（由禪淨班結業後轉入共修）。

增上班：**增上班**：單週六晚上班。雙週六晚上班（重播班）。

大法鼓經詳解：平實導師講解。每週二晚上，以台北正覺講堂所錄DVD放映。歡迎會外學人共同聽講，不需出示身分證件。

第二講堂　台中市南屯區五權西路二段666號4樓

禪淨班：週一晚上班、週三晚上班、週六上午班。

進階班：週五晚上班（由禪淨班結業後轉入共修）。

大法鼓經詳解：每週二晚上與第一講堂同時播放佛藏經詳解DVD。

第三講堂、第四講堂：台中市南屯區五權西路二段666號4樓。

嘉義正覺講堂　嘉義市友愛路288號八樓之一　電話：05-2318228

第一講堂：

禪淨班：週一晚上班、週四晚上班、週五晚上班、週六上午班。

進階班：週三晚上班（由禪淨班結業後轉入共修）。

增上班：單週六晚上班。雙週六晚上班（重播班）。

大法鼓經詳解：平實導師講解。每週二晚上，以台北正覺講堂所錄DVD放映。歡迎會外學人共同聽講，不需出示身分證件。

第二講堂　嘉義市友愛路288號八樓之二。

台南正覺講堂

第一講堂　台南市西門路四段15號4樓。06-2820541（晚上）

禪淨班：週一晚上班、週三晚上班、週四晚上班、週五晚上班、週六下午班。

增上班：**增上班**：單週六晚上班。雙週六晚上班（重播班）。

大法鼓經詳解：平實導師講解。每週二晚上，以台北正覺講堂所錄DVD放映。歡迎會外學人共同聽講，不需出示身分證件。

第二講堂　台南市西門路四段15號3樓。

大法鼓經詳解：每週二晚上與第一講堂同時播放佛藏經詳解DVD。

第三講堂　台南市西門路四段15號3樓。

進階班：週三晚上班、週四晚上班、週六上午班（由禪淨班結業後轉入共修）。

大法鼓經詳解：每週二晚上與第一講堂同時播放佛藏經詳解DVD。

高雄正覺講堂　高雄市新興區中正三路 45 號五樓 07-2234248（晚上）

第一講堂（五樓）：

禪淨班：週一晚班、週三晚班、週四晚班、週五晚班、週六上午班。

增上班：單週週末下午，以台北增上班課程錄成 DVD 放映之，限已明心之會員參加。

大法鼓經詳解：平實導師講解。每週二晚上，以台北正覺講堂所錄 DVD 放映。歡迎會外學人共同聽講，不需出示身分證件。

第二講堂（四樓）：

進階班：週三晚上班、週四晚上班、週六上午班（由禪淨班結業後轉入共修）。

大法鼓經詳解：每週二晚上與第一講堂同時播放佛藏經詳解 DVD。

第三講堂（三樓）：

進階班：週四晚班（由禪淨班結業後轉入共修）。

香港正覺講堂　**☆已遷移新址☆**

九龍觀塘，成業街 10 號，電訊一代廣場 27 樓 E 室。

（觀塘地鐵站 B1 出口，步行約 4 分鐘）。電話：(852) 23262231

英文地址：Unit E，27th Floor, TG Place, 10 Shing Yip Street, Kwun Tong, Kowloon

禪淨班：雙週六下午班 14:30-17:30，已經額滿。
雙週日下午班 14:30-17:30。
單週六下午班 14:30-17:30，已經額滿。

進階班：雙週五晚上班（由禪淨班結業後轉入共修）。

增上班：單週週末上午，以台北增上班課程錄成 DVD 放映之。

增上重播班：雙週週末上午，以台北增上班課程錄成 DVD 放映之。

大法鼓經詳解：平實導師講解。雙週六 19:00-21:00，以台北正覺講堂所錄 DVD 放映；歡迎會外學人共同聽講，不需出示身分證件。

美國洛杉磯正覺講堂　**☆已遷移新址☆**

825 S. Lemon Ave Diamond Bar, CA 91789 U.S.A.
Tel. (909) 595-5222（請於週六 9:00~18:00 之間聯繫）
Cell. (626) 454-0607

禪淨班：每逢週末 15：30~17：30 上課。

進階班：每逢週末上午 10：00~12：00 上課。

大法鼓經詳解：平實導師講解。每週六下午 13：00~15：00 以台北所錄 DVD 放映。歡迎各界人士共享第一義諦無上法益，不需報名。

二、**招生公告** 本會台北講堂及全省各講堂、香港講堂，每逢四月、十月下旬開新班，每週共修一次（每次二小時。開課日起三個月內仍可插班）；但美國洛杉磯共修處之禪淨班得隨時插班共修。各班共修期間皆爲二年半，全程免費，欲參加者請向本會函索報名表（各共修處皆於共修時間方有人執事，非共修時間請勿電詢或前來洽詢、請書），或直接從本會官方網站(http://www.enlighten.org.tw/newsflash/class)或成佛之道網站下載報名表。共修期滿時，若經報名禪三審核通過者，可參加四天三夜之禪三精進共修，有機會明心、取證如來藏，發起般若實相智慧，成爲實義菩薩，脫離凡夫菩薩位。

三、**新春禮佛祈福** 農曆年假期間停止共修：自農曆新年前七天起停止共修與弘法，正月 8 日起回復共修、弘法事務。新春期間正月初一～初七 9.00～17.00 開放台北講堂、正月初一~初三開放桃園、新竹、台中、嘉義、台南、高雄講堂，以及大溪禪三道場（正覺祖師堂），方便會員供佛、祈福及會外人士請書。美國洛杉磯共修處之休假時間，請逕詢該共修處。

密宗四大派修雙身法，是外道性力派的邪法；又以生滅的識陰作為常住法，是常見外道，是假的藏傳佛教。

西藏覺囊巴以他空見弘揚第八識如來藏勝法，才是真藏傳佛教

佛教正覺同修會　弘法行事表　2017/12/07

1、**禪淨班**　以無相念佛及拜佛方式修習動中定力，實證一心不亂功夫。傳授解脫道正理及第一義諦佛法，以及參禪知見。共修期間：二年六個月。每逢四月、十月開新班，詳見招生公告表。

2、**進階班**　禪淨班畢業後得轉入此班，進修更深入的佛法，期能證悟明心。各地講堂各有多班，繼續深入佛法、增長定力，悟後得轉入增上班修學道種智，期能證得無生法忍。

3、**增上班 瑜伽師地論**詳解　詳解論中所言凡夫地至佛地等 17 師之修證境界與理論，從凡夫地、聲聞地……宣演到諸地所證無生法忍、一切種智之眞實正理。由平實導師開講，每逢一、三、五週之週末晚上開示，僅限已明心之會員參加。2003 年二月開講至今，預定 2019 年講畢。

4、**大法鼓經**詳解　詳解末法時代大乘佛法修行之道。佛教正法消毒妙藥塗於大鼓而以擊之，凡有眾生聞之者，一切邪見鉅毒悉皆消殞；此經即是大法鼓之正義，凡聞之者，所有邪見之毒悉皆滅除，見道不難；亦能發起菩薩無量功德，是故諸大菩薩遠從諸方佛土來此娑婆聞修此經。平實導師主講。定於 2017 年 12 月底開講，歡迎已發成佛大願的菩薩種性學人，攜眷共同參與此殊勝法會聽講。

本經破「有」而顯涅槃，以此名爲眞實的「法」；眞法即是第八識如來藏，《金剛經》《法華經》中亦名之爲「此經」。若墮在「有」中，皆名「非法」，「有」即是五陰、六入、十二處、十八界及內我所、外我所，皆非眞實法。若人如是俱說「法」與「非法」而宣揚佛法，名爲擊大法鼓；如是依「法」而捨「非法」，據以建立山門而爲眾說法，方可名爲眞正的法鼓山。此經中說，以「此經」爲菩薩道之本，以證得「此經」之正知見及法門作爲度人之「法」，方名眞實佛法，否則盡名「非法」。本經中對法與非法、有與涅槃，有深入之闡釋，歡迎教界一切善信（不論初機或久學菩薩），一同親沐 如來聖教，共沾法喜。由平實導師詳解。不限制聽講資格。

5、**精進禪三**　主三和尚：平實導師。於四天三夜中，以克勤圓悟大師及大慧宗杲之禪風，施設機鋒與小參、公案密意之開示，幫助會員剋期取證，親證不生不滅之眞實心——人人本有之如來藏。每年四月、十月各舉辦二個梯次；平實導師主持。僅限本會會員參加禪淨班共修期滿，報名審核通過者，方可參加。並選擇會中定力、慧力、福德三條件皆已具足之已明心會員，給以指引，令得眼見自己無形無相之佛性遍布山河大地，眞實而無障礙，得以肉眼現觀世界身心悉皆如幻，具足成就如幻觀，圓滿十住菩薩之證境。

6、**不退轉法輪經**詳解　本經所說妙法極為甚深難解，時至末法，已然無有知者；而其甚深絕妙之法，流傳至今依舊多人可證，顯示佛學真是義學而非玄談，其中甚深極妙令人拍案稱絕之第一義諦妙義，平實導師將會加以解說。待《大法鼓經》宣講完畢時繼續宣講此經。

7、**阿含經**詳解　選擇重要之阿含部經典，依無餘涅槃之實際而加以詳解，令大眾得以現觀諸法緣起性空，亦復不墮斷滅見中，顯示經中所隱說之涅槃實際—如來藏—確實已於四阿含中隱說；令大眾得以聞後觀行，確實斷除我見乃至我執，證得**見到**眞現觀，乃至**身證**……等眞現觀；已得大乘或二乘見道者，亦可由此聞熏及聞後之觀行，除斷我所之貪著，成就慧解脫果。由平實導師詳解。不限制聽講資格。

8、**解深密經**詳解　重講本經之目的，在於令諸已悟之人明解大乘法道之成佛次第，以及悟後進修一切種智之內涵，確實證知三種自性性，並得據此證解七眞如、十眞如等正理。每逢週二 18.50~20.50 開示，由平實導師詳解。將於《大法鼓經》講畢後開講。不限制聽講資格。

9、**成唯識論**詳解　詳解一切種智眞實正理，詳細剖析一切種智之微細深妙廣大正理；並加以舉例說明，使已悟之會員深入體驗所證如來藏之微密行相；及證驗見分相分與所生一切法，皆由如來藏—阿賴耶識—直接或展轉而生，因此證知一切法無我，證知無餘涅槃之本際。將於增上班《瑜伽師地論》講畢後，由平實導師重講。僅限已明心之會員參加。

10、**精選如來藏系經典**詳解　精選如來藏系經典一部，詳細解說，以此完全印證會員所悟如來藏之眞實，得入不退轉住。另行擇期詳細解說之，由平實導師講解。僅限已明心之會員參加。

11、**禪門差別智**　藉禪宗公案之微細淆訛難知難解之處，加以宣說及剖析，以增進明心、見性之功德，啟發差別智，建立擇法眼。每月第一週日全天，由平實導師開示，僅限破參明心後，復又眼見佛性者參加（事冗暫停）。

12、**枯木禪**　先講智者大師的《小止觀》，後說《釋禪波羅蜜》，詳解四禪八定之修證理論與實修方法，細述一般學人修定之邪見與岔路，及對禪定證境之誤會，消除枉用功夫、浪費生命之現象。已悟般若者，可以藉此而實修初禪，進入大乘通教及聲聞教的三果心解脫境界，配合應有的大福德及後得無分別智、十無盡願，即可進入初地心中。親教師：平實導師。未來緣熟時將於正覺寺開講。不限制聽講資格。

註：本會例行年假，自 2004 年起，改爲每年農曆新年前七天開始停息弘法事務及共修課程，農曆正月 8 日回復所有共修及弘法事務。新春期間（每日 9.00~17.00）開放台北講堂，方便會員禮佛祈福及會外人士請書。大溪區的正覺祖師堂，開放參訪時間，詳見〈正覺電子報〉或成佛之道網站。本表得因時節因緣需要而隨時修改之，不另作通知。

佛教正覺同修會　贈閱書籍 目錄　2015/09/29

1.**無相念佛**　平實導師著　回郵 10 元
2.**念佛三昧修學次第**　平實導師述著　回郵 25 元
3.**正法眼藏—護法集**　平實導師述著　回郵 35 元
4.**真假開悟簡易辨正法&佛子之省思**　平實導師著　回郵 3.5 元
5.**生命實相之辨正**　平實導師著　回郵 10 元
6.**如何契入念佛法門**（附：印順法師否定極樂世界）平實導師著 回郵 3.5 元
7.**平實書箋**—答元覽居士書　平實導師著　回郵 35 元
8.**三乘唯識**—如來藏系經律彙編　平實導師編　回郵 80 元
（精裝本　長 27 cm　寬 21 cm　高 7.5 cm　重 2.8 公斤）
9.**三時繫念全集**—修正本　回郵掛號 40 元（長 26.5 cm×寬 19 cm）
10.**明心與初地**　平實導師述　回郵 3.5 元
11.**邪見與佛法**　平實導師述著　回郵 20 元
12.**菩薩正道**—回應義雲高、釋性圓…等外道之邪見　正燦居士著 回郵 20 元
13.**甘露法雨**　平實導師述　回郵 20 元
14.**我與無我**　平實導師述　回郵 20 元
15.**學佛之心態**—修正錯誤之學佛心態始能與正法相應 孫正德老師著 回郵35元
附錄：平實導師著《**略說八、九識並存…等之過失**》
16.**大乘無我觀**—《悟前與悟後》別說　平實導師述著　回郵 20 元
17.**佛教之危機**—中國台灣地區現代佛教之真相（附錄：公案拈提六則）
平實導師著　回郵 25 元
18.**燈　影**—燈下黑（覆「求教後學」來函等）　平實導師著　回郵 35 元
19.**護法與毀法**—覆上平居士與徐恒志居士網站毀法二文
張正圜老師著　回郵 35 元
20.**淨土聖道**—兼評**選擇本願念佛**　正德老師著　**由正覺同修會購贈** 回郵 25 元
21.**辨唯識性相**—對「紫蓮心海《辯唯識性相》書中否定阿賴耶識」之回應
正覺同修會 台南共修處法義組 著　回郵 25 元
22.**假如來藏**—對法蓮法師《如來藏與阿賴耶識》書中否定阿賴耶識之回應
正覺同修會 台南共修處法義組 著　回郵 35 元
23.**入不二門**—公案拈提集錦 第一輯（於平實導師公案拈提諸書中選錄約二十則，
合輯爲一冊流通之）平實導師著　回郵 20 元
24.**真假邪說**—西藏密宗索達吉喇嘛《破除邪說論》真是邪說
釋正安法師著　回郵 35 元
25.**真假開悟**—真如、如來藏、阿賴耶識間之關係　平實導師述著　回郵 35 元
26.**真假禪和**—辨正釋傳聖之謗法謬說　孫正德老師著　回郵 30 元

27.**眼見佛性**—駁慧廣法師眼見佛性的含義文中謬說

游正光老師著　回郵 25 元

28.**普門自在**—公案拈提集錦 第二輯（於平實導師公案拈提諸書中選錄約二十則，合輯爲一冊流通之）平實導師著　回郵 25 元

29.**印順法師的悲哀**—以現代禪的質疑為線索　恒毓博士著　回郵 25 元

30.**識蘊真義**—現觀識蘊內涵、取證初果、親斷三縛結之具體行門。

—依《成唯識論》及《惟識述記》正義，略顯安慧《大乘廣五蘊論》之邪謬

平實導師著　回郵 35 元

31.**正覺電子報** 各期紙版本　免附回郵　每次最多函索三期或三本。

（已無存書之較早各期，不另增印贈閱）

32.**現代人應有的宗教觀**　蔡正禮老師 著　回郵 3.5 元

33.**遠惑趣道**—正覺電子報般若信箱問答錄　第一輯　回郵 20 元

34.**遠惑趣道**—正覺電子報般若信箱問答錄　第二輯　回郵 20 元

35.**確保您的權益**—器官捐贈應注意自我保護　游正光老師 著　回郵 10 元

36.**正覺教團電視弘法三乘菩提 DVD 光碟（一）**

由正覺教團多位親教師共同講述錄製 DVD 8 片，MP3 一片，共 9 片。有二大講題：一爲「三乘菩提之意涵」，二爲「學佛的正知見」。內容精闢，深入淺出，精彩絕倫，幫助大眾快速建立三乘法道的正知見，免被外道邪見所誤導。有志修學三乘佛法之學人不可不看。（製作工本費 100 元，回郵 25 元）

37.**正覺教團電視弘法 DVD 專輯（二）**

總有二大講題：一爲「三乘菩提之念佛法門」，一爲「學佛正知見（第二篇）」，由正覺教團多位親教師輪番講述，內容詳細闡述如何修學念佛法門、實證念佛三昧，以及學佛應具有的正確知見，可以幫助發願往生西方極樂淨土之學人，得以把握往生，更可令學人快速建立三乘法道的正知見，免於被外道邪見所誤導。有志修學三乘佛法之學人不可不看。（一套 17 片，工本費 160 元。回郵 35 元）

38.**佛藏經** 燙金精裝本　每冊回郵 20 元。正修佛法之道場欲大量索取者，請正式發函並蓋用大印寄來索取（2008.04.30 起開始敬贈）

39.**喇嘛性世界**—揭開假藏傳佛教譚崔瑜伽的面紗　張善思 等人合著

由正覺同修會購贈　回郵 20 元

40.**假藏傳佛教的神話**—性、謊言、喇嘛教　張正玄教授編著　回郵 20 元

由正覺同修會購贈　回郵 20 元

41.**隨　緣**—理隨緣與事隨緣　平實導師述　回郵 20 元。

42.**學佛的覺醒**　正枝居士 著　回郵 25 元

43.**導師之真實義**　蔡正禮老師 著　回郵 10 元

44.**淺談達賴喇嘛之雙身法**—兼論解讀「密續」之達文西密碼

吳明芷居士 著　回郵 10 元

45.**魔界轉世**　張正玄居士 著　回郵 10 元

46.**一貫道與開悟**　蔡正禮老師 著　回郵 10 元

47.**博愛**—愛盡天下女人　正覺教育基金會 編印　回郵 10 元

48.**意識虛妄經教彙編**—實證解脫道的關鍵經文　正覺同修會編印　回郵 25 元

49.**邪箭囈語**—破斥藏密外道多識仁波切《破魔金剛箭雨論》之邪說
陸正元老師著　上、下冊回郵各 30 元

50.**真假沙門**—依 佛聖教闡釋佛教僧寶之定義
蔡正禮老師著　俟正覺電子報連載後結集出版

51.**真假禪宗**—藉評論釋性廣《印順導師對變質禪法之批判
及對禪宗之肯定》以顯示真假禪宗
附論一：凡夫知見 無助於佛法之信解行證
附論二：世間與出世間一切法皆從如來藏實際而生而顯
余正偉老師著　俟正覺電子報連載後結集出版　回郵未定

52.**假鋒虛焰金剛乘**—揭示顯密正理，兼破索達吉師徒《般若鋒兮金剛焰》。
釋正安 法師著　俟正覺電子報連載後結集出版

★ 上列贈書之郵資，係台灣本島地區郵資，大陸、港、澳地區及外國地區，請另計酌增（大陸、港、澳、國外地區之郵票不許通用）。尚未出版之書，請勿先寄來郵資，以免增加作業煩擾。

★ 本目錄若有變動，唯於後印之書籍及「成佛之道」網站上修正公佈之，不另行個別通知。

函索書籍請寄：佛教正覺同修會　103 台北市承德路 3 段 277 號 9 樓
台灣地區函索書籍者請附寄郵票，無時間購買郵票者可以等值現金抵用，但不接受郵政劃撥、支票、匯票。大陸地區得以人民幣計算，國外地區請以美元計算（請勿寄來當地郵票，在台灣地區不能使用）。欲以掛號寄遞者，請另附掛號郵資。

親自索閱：正覺同修會各共修處。　★請於共修時間前往取書，餘時無人在道場，請勿前往索取；共修時間與地點，詳見書末正覺同修會共修現況表（以近期之共修現況表為準）。

註：正智出版社發售之局版書，請向各大書局購閱。若書局之書架上已經售出而無陳列者，請向書局櫃台指定洽購；若書局不便代購者，請於正覺同修會共修時間前往各共修處請購，正智出版社已派人於共修時間送書前往各共修處流通。 郵政劃撥購書及 大陸地區 購書，請詳別頁正智出版社發售書籍目錄最後頁之說明。

成佛之道 網站：http://www.a202.idv.tw　正覺同修會已出版之結緣書籍，多已登載於 成佛之道 網站，若住外國、或住處遙遠，不便取得正覺同修會贈閱書籍者，可以從本網站閱讀及下載。　書局版之《宗通與說通》亦已上網，台灣讀者可向書局洽購，售價 300 元。《狂密與眞密》第一輯~第四輯，亦於 2003.5.1.全部於本網站登載完畢；台灣地區讀者請向書局洽購，每輯約 400 頁，售價 300 元（網站下載紙張費用較貴，容易散失，難以保存，亦較不精美）。

＊＊假藏傳佛教修雙身法，非佛教＊＊

正智出版社 籌募弘法基金發售書籍目錄　2018/05/13

1.**宗門正眼**—公案拈提 第一輯 重拈　平實導師著　500 元
因重寫內容大幅度增加故，字體必須改小，並增爲 576 頁 主文 546 頁。比初版更精彩、更有內容。初版《禪門摩尼寶聚》之讀者，可寄回本公司免費調換新版書。免附回郵，亦無截止期限。（2007 年起，每冊附贈本公司精製公案拈提〈超意境〉CD 一片。市售價格 280 元，多購多贈。）

2.**禪淨圓融**　平實導師著　200 元（第一版舊書可換新版書。）

3.**真實如來藏**　平實導師著　400 元

4.**禪—悟前與悟後**　平實導師著　上、下冊，每冊 250 元

5.**宗門法眼**—公案拈提 第二輯　平實導師著　500 元
（2007 年起，每冊附贈本公司精製公案拈提〈超意境〉CD 一片）

6.**楞伽經詳解**　平實導師著　全套共 10 輯　每輯 250 元

7.**宗門道眼**—公案拈提 第三輯　平實導師著　500 元
（2007 年起，每冊附贈本公司精製公案拈提〈超意境〉CD 一片）

8.**宗門血脈**—公案拈提 第四輯　平實導師著　500 元
（2007 年起，每冊附贈本公司精製公案拈提〈超意境〉CD 一片）

9.**宗通與說通**—成佛之道 平實導師著 主文 381 頁 全書 400 頁售價 300 元

10.**宗門正道**—公案拈提 第五輯　平實導師著　500 元
（2007 年起，每冊附贈本公司精製公案拈提〈超意境〉CD 一片）

11.**狂密與真密 一～四輯**　平實導師著　西藏密宗是人間最邪淫的宗教，本質不是佛教，只是披著佛教外衣的印度教性力派流毒的喇嘛教。此書中將西藏密宗密傳之男女雙身合修樂空雙運所有祕密與修法，毫無保留完全公開，並將全部喇嘛們所不知道的部分也一併公開。內容比大辣出版社喧騰一時的《西藏慾經》更詳細。並且函蓋藏密的所有祕密及其錯誤的中觀見、如來藏見……等，藏密的所有法義都在書中詳述、分析、辨正。每輯主文三百餘頁　每輯全書約 400 頁　售價每輯 300 元

12.**宗門正義**—公案拈提 第六輯　平實導師著　500 元
（2007 年起，每冊附贈本公司精製公案拈提〈超意境〉CD 一片）

13.**心經密意**—心經與解脫道、佛菩提道、祖師公案之關係與密意　平實導師述　300 元

14.**宗門密意**—公案拈提 第七輯　平實導師著　500 元
（2007 年起，每冊附贈本公司精製公案拈提〈超意境〉CD 一片）

15.**淨土聖道**—兼評「選擇本願念佛」　正德老師著　200 元

16.**起信論講記**　平實導師述著　共六輯　每輯三百餘頁　售價各 250 元

17.**優婆塞戒經講記**　平實導師述著 共八輯 每輯三百餘頁 售價各 250 元

18.**真假活佛**—略論附佛外道盧勝彥之邪說（對前岳靈犀網站主張「盧勝彥是證悟者」之修正）　正犀居士（岳靈犀）著　流通價 140 元

19.**阿含正義**—唯識學探源　平實導師著　共七輯　每輯 300 元

20.**超意境** CD 以平實導師公案拈提書中超越意境之頌詞，加上曲風優美的旋律，錄成令人嚮往的超意境歌曲，其中包括正覺發願文及平實導師親自譜成的黃梅調歌曲一首。詞曲雋永，殊堪翫味，可供學禪者吟詠，有助於見道。內附設計精美的彩色小冊，解說每一首詞的背景本事。每片 280 元。【每購買公案拈提書籍一冊，即贈送一片。】

21.**菩薩底憂鬱** CD 將菩薩情懷及禪宗公案寫成新詞，並製作成超越意境的優美歌曲。1.主題曲〈菩薩底憂鬱〉，描述地後菩薩能離三界生死而迴向繼續生在人間，但因尚未斷盡習氣種子而有極深沈之憂鬱，非三賢位菩薩及二乘聖者所知，此憂鬱在七地滿心位方才斷盡；本曲之詞中所說義理極深，昔來所未曾見；此曲係以優美的情歌風格寫詞及作曲，聞者得以激發嚮往諸地菩薩境界之大心，詞、曲都非常優美，難得一見；其中勝妙義理之解說，已印在附贈之彩色小冊中。2.以各輯公案拈提中直示禪門入處之頌文，作成各種不同曲風之超意境歌曲，值得玩味、參究；聆聽公案拈提之優美歌曲時，請同時閱讀內附之印刷精美說明小冊，可以領會超越三界的證悟境界；未悟者可以因此引發求悟之意向及疑情，眞發菩提心而邁向求悟之途，乃至因此眞實悟入般若，成眞菩薩。3.正覺總持咒新曲，總持佛法大意；總持咒之義理，已加以解說並印在隨附之小冊中。本 CD 共有十首歌曲，長達 63 分鐘。每盒各附贈二張購書優惠券。每片 280 元。

22.**禪意無限** CD 平實導師以公案拈提書中偈頌寫成不同風格曲子，與他人所寫不同風格曲子共同錄製出版，幫助參禪人進入禪門超越意識之境界。盒中附贈彩色印製的精美解說小冊，以供聆聽時閱讀，令參禪人得以發起參禪之疑情，即有機會證悟本來面目而發起實相智慧，實證大乘菩提般若，能如實證知般若經中的眞實意。本 CD 共有十首歌曲，長達 69 分鐘，每盒各附贈二張購書優惠券。每片 280 元。

23.**我的菩提路**第一輯　釋悟圓、釋善藏等人合著　售價 300 元

24.**我的菩提路**第二輯　郭正益、張志成等人合著　售價 300 元

25.**我的菩提路**第三輯　王美伶等人合著　售價 300 元

26.**我的菩提路**第四輯　陳晏平等人合著　售價 300 元

27.**鈍鳥與靈龜**—考證後代凡夫對大慧宗杲禪師的無根誹謗。

平實導師著 共 458 頁 售價 350 元

28.**維摩詰經講記** 平實導師述 共六輯 每輯三百餘頁 售價各 250 元

29.**真假外道**—破劉東亮、杜大威、釋證嚴常見外道見　正光老師著　200 元

30.**勝鬘經講記**—兼論印順《勝鬘經講記》對於《勝鬘經》之誤解。

平實導師述　共六輯 每輯三百餘頁 售價 250 元

31.**楞嚴經講記** 平實導師述 共 **15** 輯，每輯三百餘頁 售價 300 元

32.**明心與眼見佛性**—駁慧廣〈蕭氏「眼見佛性」與「明心」之非〉文中謬說

正光老師著　共 448 頁　售價 300 元

33.**見性與看話頭** 黃正倖老師 著，本書是禪宗參禪的方法論。

內文375頁，全書416頁，售價300元。
34.**達賴真面目**—玩盡天下女人 白正偉老師 等著 中英對照彩色精裝大本 800元
35.**喇嘛性世界**—揭開假藏傳佛教譚崔瑜伽的面紗　張善思 等人著　200元
36.**假藏傳佛教的神話**—性、謊言、喇嘛教　正玄教授編著　200元
37.**金剛經宗通**　平實導師述　共九輯　每輯售價250元。
38.**空行母**—性別、身分定位，以及藏傳佛教。
珍妮·坎貝爾著 呂艾倫 中譯 售價250元
39.**末代達賴**—性交教主的悲歌　張善思、呂艾倫、辛燕編著 售價250元
40.**霧峰無霧**—給哥哥的信　辨正釋印順對佛法的無量誤解
游宗明 老師著　售價250元
41.**第七意識與第八意識？**—穿越時空「超意識」
平實導師述　每冊300元
42.**黯淡的達賴**—失去光彩的諾貝爾和平獎
正覺教育基金會編著　每冊250元
43.**童女迦葉考**—論呂凱文〈佛教輪迴思想的論述分析〉之謬。
平實導師 著 定價180元
44.**人間佛教**—實證者必定不悖三乘菩提
平實導師 述，定價400元
45.**實相經宗通**　平實導師述　共八輯　每輯250元
46.**真心告訴您(一)**—達賴喇嘛在幹什麼？
正覺教育基金會編著　售價250元
47.**中觀金鑑**—詳述應成派中觀的起源與其破法本質
孫正德老師著　分為上、中、下三冊，每冊250元
48.**藏傳佛教要義**—《狂密與真密》之簡體字版　平實導師 著 上、下冊
僅在大陸流通　每冊300元
49.**法華經講義**　平實導師述　共二十五輯　每輯300元
已於2015/05/31起開始出版，每二個月出版一輯
50.**西藏「活佛轉世」制度**—附佛、造神、世俗法
許正豐、張正玄老師合著　定價150元
51.**廣論三部曲**　郭正益老師著　定價150元
52.**真心告訴您(二)**—達賴喇嘛是佛教僧侶嗎？
—補祝達賴喇嘛八十大壽
正覺教育基金會編著　售價300元
53.**次法**—實證佛法前應有的條件
張善思居士著　分為上、下二冊，每冊250元
54.**涅槃**—解說四種涅槃之實證及內涵　平實導師著 上下冊 各350元
預定2018/09/30出版上冊，11月底出版下冊
55.**廣論之平議**—宗喀巴《菩提道次第廣論》之平議　正雄居士著
約二或三輯　俟正覺電子報連載後結集出版　書價未定
56.**末法導護**—對印順法師中心思想之綜合判攝　正慶老師著　書價未定

57.**菩薩學處**—菩薩四攝六度之要義　陸正元老師著　出版日期未定。
58.**八識規矩頌**詳解　○○居士 註解　出版日期另訂　書價未定。
59.**印度佛教史**—法義與考證。依法義史實評論印順《印度佛教思想史、佛教史地考論》之謬說　正偉老師著　出版日期未定　書價未定
60.**中國佛教史**—依中國佛教正法史實而論。○○老師 著　書價未定。
61.**中論正義**—釋龍樹菩薩《中論》頌正理。
孫正德老師著　出版日期未定　書價未定
62.**中觀正義**—註解平實導師《中論正義頌》。
○○法師（居士）著　出版日期未定　書價未定
63.**佛藏經講記**　平實導師述　出版日期未定　書價未定
64.**阿含經講記**—將選錄四阿含中數部重要經典全經講解之，講後整理出版。
平實導師述　約二輯　每輯300元　出版日期未定
65.**寶積經講記**　平實導師述　每輯三百餘頁 優惠價300元 出版日期未定
66.**解深密經講記**　平實導師述 約四輯　將於重講後整理出版
67.**成唯識論略解**　平實導師著　五～六輯　每輯300元　出版日期未定
68.**修習止觀坐禪法要講記**　平實導師述　每輯三百餘頁
將於正覺寺建成後重講、以講記逐輯出版　出版日期未定
69.**無門關**—《無門關》公案拈提　平實導師著　出版日期未定
70.**中觀再論**—兼述印順《中觀今論》謬誤之平議。正光老師著 出版日期未定
71.**輪迴與超度**—佛教超度法會之真義。
○○法師（居士）著　出版日期未定　書價未定
72.**《釋摩訶衍論》平議**—對偽稱龍樹所造《釋摩訶衍論》之平議
○○法師（居士）著　出版日期未定　書價未定
73.**正覺發願文**註解—以真實大願為因 得證菩提
正德老師著　出版日期未定　書價未定
74.**正覺總持咒**—佛法之總持　正圜老師著　出版日期未定　書價未定
75.**三自性**—依四食、五蘊、十二因緣、十八界法，說三性三無性。
作者未定　出版日期未定
76.**道品**—從三自性說大小乘三十七道品　作者未定　出版日期未定
77.**大乘緣起觀**—依四聖諦七真如現觀十二緣起 作者未定　出版日期未定
78.**三德**—論解脫德、法身德、般若德。　作者未定　出版日期未定
79.**真假如來藏**—對印順《如來藏之研究》謬說之平議　作者未定 出版日期未定
80.**大乘道次第**　作者未定　出版日期未定　書價未定
81.**四緣**—依如來藏故有四緣。　作者未定　出版日期未定
82.**空之探究**—印順《空之探究》謬誤之平議　作者未定 出版日期未定
83.**十法義**—論阿含經中十法之正義　作者未定　出版日期未定
84.**外道見**—論述外道六十二見　作者未定　出版日期未定

正智出版社有限公司　書籍介紹

禪淨圓融：言淨土諸祖所未曾言，示諸宗祖師所未曾示；禪淨圓融，另闢成佛捷徑，兼顧自力他力，闡釋淨土門之速行易行道，亦同時揭櫫聖教門之速行易行道；令廣大淨土行者得免緩行難證之苦，亦令聖道門行者得以藉著淨土速行道而加快成佛之時劫。乃前無古人之超勝見地，非一般弘揚禪淨法門典籍也，先讀為快。平實導師著　200元。

宗門正眼—公案拈提第一輯：繼承克勤圜悟大師碧巖錄宗旨之禪門鉅作。先則舉示當代大法師之邪說，消弭當代禪門大師鄉愿之心態，摧破當今禪門「世俗禪」之妄談；次則旁通教法，表顯宗門正理；繼以道之次第，消弭古今狂禪；後藉言語及文字機鋒，直示宗門入處。悲智雙運，禪味十足，數百年來難得一睹之禪門鉅著也。平實導師著　500元（原初版書《禪門摩尼寶聚》，改版後補充為五百餘頁新書，總計多達二十四萬字，內容更精彩，並改名為《宗門正眼》，讀者原購初版《禪門摩尼寶聚》皆可寄回本公司免費換新，免附回郵，亦無截止期限）（2007年起，凡購買公案拈提第一輯至第七輯，每購一輯皆贈送本公司精製公案拈提〈超意境〉CD一片，市售價格280元，多購多贈）。

禪—悟前與悟後：本書能建立學人悟道之信心與正確知見，圓滿具足而有次第地詳述禪悟之功夫與禪悟之內容，指陳參禪中細微淆訛之處，能使學人明自眞心、見自本性。若未能悟入，亦能以正確知見辨別古今中外一切大師究係眞悟？或屬錯悟？便有能力揀擇，捨名師而選明師，後時必有悟道之緣。一旦悟道，遲者七次人天往返，便出三界，速者一生取辦。學人欲求開悟者，不可不讀。　平實導師著。上、下冊共500元，單冊250元。

眞實如來藏：如來藏眞實存在，乃宇宙萬有之本體，並非印順法師、達賴喇嘛等人所說之「唯有名相、無此心體」。如來藏是涅槃之本際，是一切有智之人竭盡心智、不斷探索而不能得之生命實相；是古今中外許多大師自以爲悟而當面錯過之生命實相。如來藏即是阿賴耶識，乃是一切有情本自具足、不生不滅之眞實心。當代中外大師於此書出版之前所未能言者，作者於本書中盡情流露、詳細闡釋。眞悟者讀之，必能增益悟境、智慧增上；錯悟者讀之，必能檢討自己之錯誤，免犯大妄語業；未悟者讀之，能知參禪之理路，亦能以之檢查一切名師是否眞悟。此書是一切哲學家、宗教家、學佛者及欲昇華心智之人必讀之鉅著。　平實導師著　售價400元。

宗門法眼—公案拈提第二輯：列舉實例，闡釋土城廣欽老和尚之悟處；並直示這位不識字的老和尚妙智橫生之根由，繼而剖析禪宗歷代大德之開悟公案，解析當代密宗高僧卡盧仁波切之錯悟證據，並例舉當代顯宗高僧、大居士之錯悟證據（凡健在者，爲免影響其名聞利養，皆隱其名）。藉辨正當代名師之邪見，向廣大佛子指陳禪悟之正道，彰顯宗門法眼。悲勇兼出，強捋虎鬚；慈智雙運，巧探驪龍；摩尼寶珠在手，直示宗門入處，禪味十足；若非大悟徹底，不能爲之。禪門精奇人物，允宜人手一冊，供作參究及悟後印證之圭臬。本書於2008年4月改版，增寫爲大約500頁篇幅，以利學人研讀參究時更易悟入宗門正法，以前所購初版首刷及初版二刷舊書，皆可免費換取新書。平實導師著　500元（2007年起，凡購買公案拈提第一輯至第七輯，每購一輯皆贈送本公司精製公案拈提〈超意境〉CD一片，市售價格280元，多購多贈）。

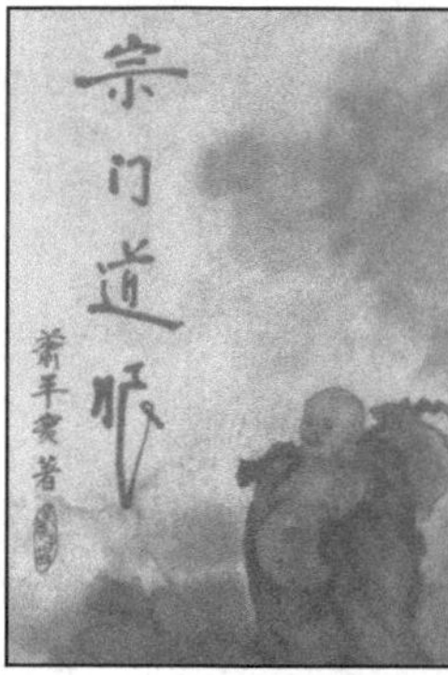

宗門道眼—公案拈提第三輯：繼宗門法眼之後，再以金剛之作略、慈悲之胸懷、犀利之筆觸，舉示寒山、拾得、布袋三大士之悟處，消弭當代錯悟者對於寒山大士……等之誤會及誹謗。　亦舉出民初以來與虛雲和尚齊名之蜀郡鹽亭袁煥仙夫子——南懷瑾老師之師，其「悟處」何在？並蒐羅許多眞悟祖師之證悟公案，顯示禪宗歷代祖師之睿智，指陳部分祖師、奧修及當代顯密大師之謬悟，作爲殷鑑，幫助禪子建立及修正參禪之方向及知見。假使讀者閱此書已，一時尚未能悟，亦可一面加功用行，一面以此宗門道眼辨別眞假善知識，避開錯誤之印證及歧路，可免大妄語業之長劫慘痛果報。欲修禪宗之禪者，務請細讀。平實導師著　售價500元（2007年起，凡購買公案拈提第一輯至第七輯，每購一輯皆贈送本公司精製公案拈提〈超意境〉CD一片，市售價格280元，多購多贈）。

楞伽經詳解：本經是禪宗見道者印證所悟眞僞之根本經典，亦是禪宗見道者悟後起修之依據經典；故達摩祖師於印證二祖慧可大師之後，將此經典連同佛缽祖衣一併交付二祖，令其依此經典佛示金言、進入修道位，修學一切種智。由此可知此經對於眞悟之人修學佛道，是非常重要之一部經典。此經能破外道邪說，亦破佛門中錯悟名師之謬說，亦破禪宗部分祖師之狂禪：不讀經典、一向主張「一悟即成究竟佛」之謬執。並開示愚夫所行禪、觀察義禪、攀緣如禪、如來禪等差別，令行者對於三乘禪法差異有所分辨；亦糾正禪宗祖師古來對於如來禪之誤解，嗣後可免以訛傳訛之弊。此經亦是法相唯識宗之根本經典，禪者悟後欲修一切種智而入初地者，必須詳讀。平實導師著，全套共十輯，已全部出版完畢，每輯主文約320頁，每冊約352頁，定價250元。

宗門血脈—公案拈提第四輯：末法怪象—許多修行人自以爲悟，每將無念靈知認作眞實；崇尚二乘法諸師及其徒衆，則將外於如來藏之緣起性空—無因論之無常空、斷滅空、一切法空—錯認爲 佛所說之般若空性。這兩種現象已於當今海峽兩岸及美加地區顯密大師之中普遍存在；人人自以爲悟，心高氣壯，便敢寫書解釋祖師證悟之公案，大多出於意識思惟所得，言不及義，錯誤百出，因此誤導廣大佛子同陷大妄語之地獄業中而不能自知。彼等書中所說之悟處，其實處處違背第一義經典之聖言量。彼等諸人不論是否身披袈裟，都非佛法宗門血脈，或雖有禪宗法脈之傳承，亦只徒具形式；猶如螟蛉，非眞血脈，未悟得根本眞實故。禪子欲知 佛、祖之眞血脈者，請讀此書，便知分曉。平實導師著，主文452頁，全書464頁，定價500元（2007年起，凡購買公案拈提第一輯至第七輯，每購一輯皆贈送本公司精製公案拈提〈超意境〉CD一片，市售價格280元，多購多贈）。

宗通與說通：古今中外，錯誤之人如麻似粟，每以常見外道所說之靈知心，認作眞心；或妄想虛空之勝性能量爲眞如，或錯認物質四大元素藉冥性（靈知心本體）能成就吾人色身及知覺，或認初禪至四禪中之了知心爲不生不滅之涅槃心。此等皆非通宗者之見地。復有錯悟之人一向主張「宗門與教門不相干」，此即尙未通達宗門之人也。其實宗門與教門互通不二，宗門所證者乃是眞如與佛性，教門所說者乃說宗門證悟之眞如佛性，故教門與宗門不二。本書作者以宗教二門互通之見地，細說「宗通與說通」，從初見道至悟後起修之道、細說分明；並將諸宗諸派在整體佛教中之地位與次第，加以明確之教判，學人讀之即可了知佛法之梗概也。欲擇明師學法之前，允宜先讀。平實導師著，主文共381頁，全書392頁，只售成本價300元。

宗門正道—公案拈提第五輯：修學大乘佛法有二果須證—解脫果及大菩提果。二乘人不證大菩提果，唯證解脫果；此果之智慧，名爲聲聞菩提、緣覺菩提。大乘佛子所證二果之菩提果爲佛菩提，故名大菩提果，其慧名爲一切種智—函蓋二乘解脫果。然此大乘二果修證，須經由禪宗之宗門證悟方能相應。而宗門證悟極難，自古已然；其所以難者，咎在古今佛教界普遍存在三種邪見：1.以修定認作佛法， 2.以無因論之緣起性空—否定涅槃本際如來藏以後之一切法空作爲佛法，3.以常見外道邪見（離語言妄念之靈知性）作爲佛法。如是邪見，或因自身正見未立所致，或因邪師之邪教導所致，或因無始劫來虛妄熏習所致。若不破除此三種邪見，永劫不悟宗門眞義、不入大乘正道，唯能外門廣修菩薩行。平實導師於此書中，有極爲詳細之說明，有志佛子欲摧邪見、入於內門修菩薩行者，當閱此書。主文共496頁，全書512頁。售價500元（2007年起，凡購買公案拈提第一輯至第七輯，每購一輯皆贈送本公司精製公案拈提〈超意境〉CD一片，市售價格280元，多購多贈）。

狂密與眞密：密教之修學，皆由有相之觀行法門而入，其最終目標仍不離顯教經典所說第一義諦之修證；若離顯教第一義經典、或違背顯教第一義經典，即非佛教。西藏密教之觀行法，如灌頂、觀想、遷識法、寶瓶氣、大聖歡喜雙身修法、喜金剛、無上瑜伽、大樂光明、樂空雙運等，皆是印度教兩性生生不息思想之轉化，自始至終皆以如何能運用交合淫樂之法達到全身受樂爲其中心思想，純屬欲界五欲的貪愛，不能令人超出欲界輪迴，更不能令人斷除我見；何況大乘之明心與見性，更無論矣！故密宗之法絕非佛法也。而其明光大手印、大圓滿法教，又皆同以常見外道所說離語言妄念之無念靈知心錯認爲佛地之眞如，不能直指不生不滅之眞如。西藏密宗所有法王與徒衆，都尚未開頂門眼，不能辨別眞僞，以依人不依法、依密續不依經典故，不肯將其上師喇嘛所說對照第一義經典，純依密續之藏密祖師所說爲準，因此而誇大其證德與證量，動輒謂彼祖師上師爲究竟佛、爲地上菩薩；如今台海兩岸亦有自謂其師證量高於 釋迦文佛者，然觀其師所述，猶未見道，仍在觀行即佛階段，尚未到禪宗相似即佛、分證即佛階位，竟敢標榜爲究竟佛及地上法王，誑惑初機學人。凡此怪象皆是狂密，不同於眞密之修行者。近年狂密盛行，密宗行者被誤導者極衆，動輒自謂已證佛地眞如，自視爲究竟佛，陷於大妄語業中而不知自省，反謗顯宗眞修實證者之證量粗淺；或如義雲高與釋性圓…等人，於報紙上公然誹謗眞實證道者爲「騙子、無道人、人妖、癩蛤蟆…」等，造下誹謗大乘勝義僧之大惡業；或以外道法中有爲有作之甘露、魔術……等法，誑騙初機學人，狂言彼外道法爲眞佛法。如是怪象，在西藏密宗及附藏密之外道中，不一而足，舉之不盡，學人宜應愼思明辨，以免上當後又犯毀破菩薩戒之重罪。密宗學人若欲遠離邪知邪見者，請閱此書，即能了知密宗之邪謬，從此遠離邪見與邪修，轉入眞正之佛道。平實導師著 共四輯 每輯約400頁（主文約340頁）每輯售價300元。

宗門正義—公案拈提第六輯：佛教有六大危機，乃是藏密化、世俗化、膚淺化、學術化、宗門密意失傳、悟後進修諸地之次第混淆；其中尤以宗門密意之失傳，爲當代佛教最大之危機。由宗門密意失傳故，易令 世尊本懷普被錯解，易令 世尊正法被轉易爲外道法，以及加以淺化、世俗化，是故宗門密意之廣泛弘傳與具緣佛弟子，極爲重要。然而欲令宗門密意之廣泛弘傳予具緣之佛弟子者，必須同時配合錯誤知見之解析、普令佛弟子知之，然後輔以公案解析之直示入處，方能令具緣之佛弟子悟入。而此二者，皆須以公案拈提之方式爲之，方易成其功、竟其業，是故平實導師續作宗門正義一書，以利學人。全書500餘頁，售價500元（2007年起，凡購買公案拈提第一輯至第七輯，每購一輯皆贈送本公司精製公案拈提〈超意境〉CD一片，市售價格280元，多購多贈）。

心經密意—心經與解脫道、佛菩提道、祖師公案之關係與密意。二乘菩提所證之解脫道，實依第八識心之斷除煩惱障現行而立解脫之名；大乘菩提所證之佛菩提道，實依親證第八識如來藏之涅槃性、清淨自性、及其中道性而立般若之名；禪宗祖師公案所證之眞心，即是此第八識如來藏；是故三乘佛法所修所證之三乘菩提，皆依此如來藏心而立名也。此第八識心，即是《心經》所說之心也。證得此如來藏已，即能漸入大乘佛菩提道，亦可因證知此心而了知二乘無學所不能知之無餘涅槃本際，是故《心經》之密意，與三乘佛菩提之關係極爲密切、不可分割，三乘佛法皆依此心而立名故。今者平實導師以其所證解脫道之無生智及佛菩提之般若種智，將《心經》與解脫道、佛菩提道、祖師公案之關係與密意，以演講之方式，用淺顯之語句和盤托出，發前人所未言，呈三乘菩提之眞義，令人藉此《心經密意》一舉而窺三乘菩提之堂奧，迴異諸方言不及義之說；欲求眞實佛智者、不可不讀！主文317頁，連同跋文及序文…等共384頁，售價300元。

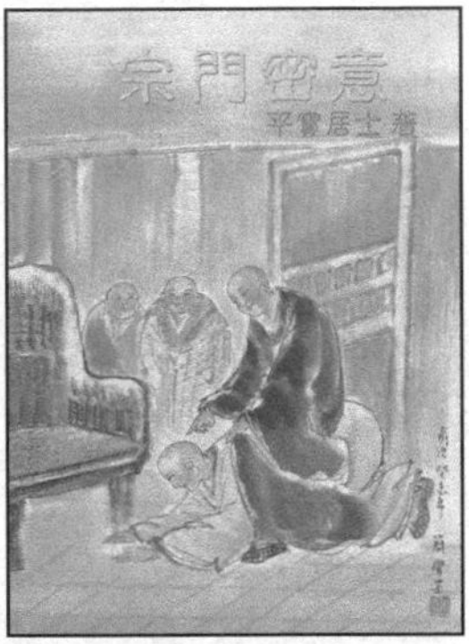

宗門密意—公案拈提第七輯：佛教之世俗化，將導致學人以信仰作爲學佛，則將以感應及世間法之庇祐，作爲學佛之主要目標，不能了知學佛之主要目標爲親證三乘菩提。大乘菩提則以般若實相智慧爲主要修習目標，以二乘菩提解脫道爲附帶修習之標的；是故學習大乘法者，應以禪宗之證悟爲要務，能親入大乘菩提之實相般若智慧中故，般若實相智慧非二乘聖人所能知故。此書則以台灣世俗化佛教之三大法師，說法似是而非之實例，配合眞悟祖師之公案解析，提示證悟般若之關節，令學人易得悟入。平實導師著，全書五百餘頁，售價500元（2007年起，凡購買公案拈提第一輯至第七輯，每購一輯皆贈送本公司精製公案拈提〈超意境〉CD一片，市售價格280元，多購多贈）。

淨土聖道—兼評選擇本願念佛：佛法甚深極廣，般若玄微，非諸二乘聖僧所能知之，一切凡夫更無論矣！所謂一切證量皆歸淨土是也！是故大乘法中「聖道之淨土、淨土之聖道」，其義甚深，難可了知；乃至眞悟之人，初心亦難知也。今有正德老師眞實證悟後，復能深探淨土與聖道之緊密關係，憐憫眾生之誤會淨土實義，亦欲利益廣大淨土行人同入聖道，同獲淨土中之聖道門要義，乃振奮心神、書以成文，今得刊行天下。主文279頁，連同序文等共301頁，總有十一萬六千餘字，正德老師著，成本價200元。

起信論講記：詳解大乘起信論心生滅門與心眞如門之眞實意旨，消除以往大師與學人對起信論所說心生滅門之誤解，由是而得了知眞心如來藏之非常非斷中道正理；亦因此一講解，令此論以往隱晦而被誤解之眞實義，得以如實顯示，令大乘佛菩提道之正理得以顯揚光大；初機學者亦可藉此正論所顯示之法義，對大乘法理生起正信，從此得以眞發菩提心，眞入大乘法中修學，世世常修菩薩正行。平實導師演述，共六輯，都已出版，每輯三百餘頁，售價各250元。

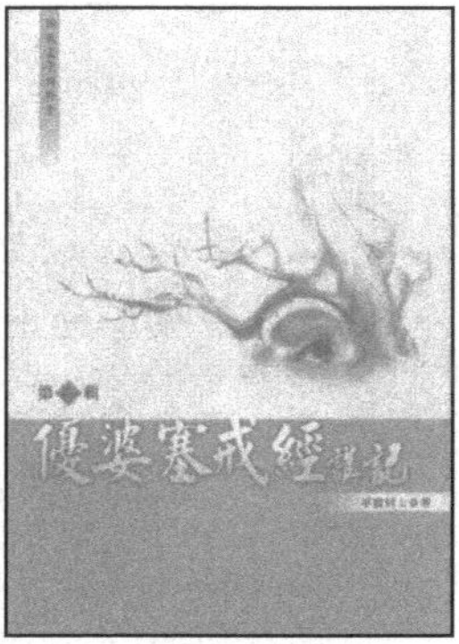

優婆塞戒經講記：本經詳述在家菩薩修學大乘佛法，應如何受持菩薩戒？對人間善行應如何看待？對三寶應如何護持？應如何正確地修集此世後世證法之福德？應如何修集後世「行菩薩道之資糧」？並詳述第一義諦之正義：五蘊非我非異我、自作自受、異作異受、不作不受……等深妙法義，乃是修學大乘佛法、行菩薩行之在家菩薩所應當了知者。出家菩薩今世或未來世登地已，捨報之後多數將如華嚴經中諸大菩薩，以在家菩薩身而修行菩薩行，故亦應以此經所述正理而修之，配合《楞伽經、解深密經、楞嚴經、華嚴經》等道次第正理，方得漸次成就佛道；故此經是一切大乘行者皆應證知之正法。平實導師講述，每輯三百餘頁，售價各250元；共八輯，已全部出版。

真假活佛—略論附佛外道盧勝彥之邪說：人人身中都有眞活佛，永生不滅而有大神用，但衆生都不了知，所以常被身外的西藏密宗假活佛籠罩欺瞞。本來就眞實存在的眞活佛，才是眞正的密宗無上密！諾那活佛因此而說禪宗是大密宗，但藏密的所有活佛都不知道、也不曾實證自身中的眞活佛。本書詳實宣示眞活佛的道理，舉證盧勝彥的「佛法」不是眞佛法，也顯示盧勝彥是假活佛，直接的闡釋第一義佛法見道的眞實正理。眞佛宗的所有上師與學人們，都應該詳細閱讀，包括盧勝彥個人在內。正犀居士著，優惠價140元。

阿含正義—唯識學探源：廣說四大部《阿含經》諸經中隱說之眞正義理，一一舉示佛陀本懷，令阿含時期初轉法輪根本經典之眞義，如實顯現於佛子眼前。並提示末法大師對於阿含眞義誤解之實例，一一比對之，證實唯識增上慧學確於原始佛法之阿含諸經中已隱覆密意而略說之，證實 世尊確於原始佛法中已曾密意而說第八識如來藏之總相；亦證實 世尊在四阿含中已說此藏識是名色十八界之因、之本—證明如來藏是能生萬法之根本心。佛子可據此修正以往受諸大師（譬如西藏密宗應成派中觀師：印順、昭慧、性廣、大願、達賴、宗喀巴、寂天、月稱、……等人）誤導之邪見，建立正見，轉入正道乃至親證初果而無困難；書中並詳說三果所證的心解脫，以及四果慧解脫的親證，都是如實可行的具體知見與行門。全書共七輯，已出版完畢。平實導師著，每輯三百餘頁，售價300元。

超意境CD：以平實導師公案拈提書中超越意境之頌詞，加上曲風優美的旋律，錄成令人嚮往的超意境歌曲，其中包括正覺發願文及平實導師親自譜成的黃梅調歌曲一首。詞曲雋永，殊堪翫味，可供學禪者吟詠，有助於見道。內附設計精美的彩色小冊，解說每一首詞的背景本事。每片280元。【每購買公案拈提書籍一冊，即贈送一片。】

我的菩提路第一輯：凡夫及二乘聖人不能實證的佛菩提證悟，末法時代的今天仍然有人能得實證，由正覺同修會釋悟圓、釋善藏法師等二十餘位實證如來藏者所寫的見道報告，已爲當代學人見證宗門正法之絲縷不絕，證明大乘義學的法脈仍然存在，爲末法時代求悟般若之學人照耀出光明的坦途。由二十餘位大乘見道者所繕，敘述各種不同的學法、見道因緣與過程，參禪求悟者必讀。全書三百餘頁，售價300元。

我的菩提路第二輯：由郭正益老師等人合著，書中詳述彼等諸人歷經各處道場學法，一一修學而加以檢擇之不同過程以後，因閱讀正覺同修會、正智出版社書籍而發起抉擇分，轉入正覺同修會中修學；乃至學法及見道之過程，都一一詳述之。其中張志成等人係由前現代禪轉進正覺同修會，張志成原爲現代禪副宗長，以前未閱本會書籍時，曾被人藉其名義著文評論 平實導師（詳見《宗通與說通》辨正及《眼見佛性》書末附錄…等）；後因偶然接觸正覺同修會書籍，深覺以前聽人評論平實導師之語不實，於是投入極多時間閱讀本會書籍、深入思辨，詳細探索中觀與唯識之關聯與異同，認爲正覺之法義方是正法，深覺相應；亦解開多年來對佛法的迷雲，確定應依八識論正理修學方是正法。乃不顧面子，毅然前往正覺同修會面見平實導師懺悔，並正式學法求悟。今已與其同修王美伶（亦爲前現代禪傳法老師），同樣證悟如來藏而證得法界實相，生起實相般若眞智。此書中尚有七年來本會第一位眼見佛性者之見性報告一篇，一同供養大乘佛弟子。全書四百頁，售價300元。

我的菩提路第三輯：由王美伶老師等人合著。自從正覺同修會成立以來，每年夏初、冬初都舉辦精進禪三共修，藉以助益會中同修們得以證悟明心發起般若實相智慧；凡已實證而被平實導師印證者，皆書具見道報告用以證明佛法之眞實可證而非玄學，證明佛法並非純屬思想、理論而無實質，是故每年都能有人證明正覺同修會的「實證佛教」主張並非虛語。特別是眼見佛性一法，自古以來中國禪宗祖師實證者極寡，較之明心開悟的證境更難令人信受；至2017年初，正覺同修會中的證悟明心者已近五百人，然而其中眼見佛性者至今唯十餘人爾，可謂難能可貴，是故明心後欲冀眼見佛性者實屬不易。黃正倖老師是懸絕七年無人見性後的第一人，她於2009年的見性報告刊於本書的第二輯中，爲大眾證明佛性確實可以眼見；其後七年之中求見性者都屬解悟佛性而無人眼見，幸而又經七年後的2016冬初，以及2017夏初的禪三，復有三人眼見佛性，希冀鼓舞四眾佛子求見佛性之大心，今則具載一則於書末，顯示求見佛性之事實經歷，供養現代佛教界欲得見性之四眾弟子。全書四百頁，售價300元，預定2017年6月30日發行。

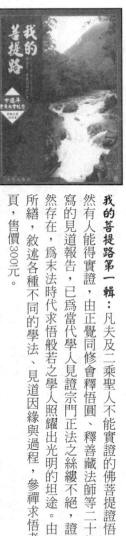

我的菩提路第四輯：由陳晏平等人著。中國禪宗祖師往往有所謂「見性」之言，所言多屬看見如來藏具有能令人發起成佛之自性，並非《大般涅槃經》中 如來所說之眼見佛性。眼見佛性者，於親見佛性之時，即能於山河大地眼見自己佛性，亦能於他人身上眼見自己佛性及對方之佛性，如是境界無法爲尚未實證者解釋；勉強說之，縱使眞實明心證悟之人聞之，亦只能以自身明心之境界想像之，但不論如何想像多屬非量，能有正確之比量者亦是稀有，故說眼見佛性極爲困難。眼見佛性之人若所見極分明時，在所見佛性之境界下所眼見之山河大地、自己五蘊身心皆是虛幻，自有異於明心者之解脫功德受用，此後永不思證二乘涅槃，必定邁向成佛之道而進入第十住位中，已超第一阿僧祇劫三分有一，可謂之爲超劫精進也。今又有明心之後眼見佛性之人出於人間，將其明心及後來見性之報告，連同其餘證悟明心者之精彩報告一同收錄於此書中，供養眞求佛法實證之四衆佛子。全書380頁，售價300元，預定2018年6月30日發行。

鈍鳥與靈龜：鈍鳥及靈龜二物，被宗門證悟者說爲二種人：前者是精修禪定而無智慧者，也是以定爲禪的愚癡禪人；後者是或有禪定、或無禪定的宗門證悟者，凡已證悟者皆是靈龜。但後來被人虛造事實，用以嘲笑大慧宗杲禪師，說他雖是靈龜，卻不免被天童禪師預記「患背」痛苦而亡：「鈍鳥離巢易，靈龜脫殼難。」藉以貶低大慧宗杲的證量。同時將天童禪師實證如來藏的證量，曲解爲意識境界的離念靈知。自從大慧禪師入滅以後，錯悟凡夫對他的不實毀謗就一直存在著，不曾止息，並且捏造的假事實也隨著年月的增加而越來越多，終至編成「鈍鳥與靈龜」的假公案、假故事。本書是考證大慧與天童之間的不朽情誼，顯現這件假公案的虛妄不實；更見大慧宗杲面對惡勢力時的正直不阿，亦顯示大慧對天童禪師的至情深義，將使後人對大慧宗杲的誣謗至此而止，不再有人誤犯毀謗賢聖的惡業。書中亦舉證宗門的所悟確以第八識如來藏爲標的，詳讀之後必可改正以前被錯悟大師誤導的參禪知見，日後必定有助於實證禪宗的開悟境界，得階大乘眞見道位中，即是實證般若之賢聖。全書459頁，售價350元。

維摩詰經講記：本經係 世尊在世時，由等覺菩薩維摩詰居士藉疾病而演說之大乘菩提無上妙義，所說函蓋甚廣，然極簡略，是故今時諸方大師與學人讀之悉皆錯解，何況能知其中隱含之深妙正義，是故普遍無法爲人解說；若強爲人說，則成依文解義而有諸多過失。今由平實導師公開宣講之後，詳實解釋其中密意，令維摩詰菩薩所說大乘不可思議解脫之深妙正法得以正確宣流於人間，利益當代學人及與諸方大師。書中詳實演述大乘佛法深妙不共二乘之智慧境界，顯示諸法之中絕待之實相境界，建立大乘菩薩妙道於永遠不敗不壞之地，以此成就護法偉功，欲冀永利娑婆人天。已經宣講圓滿整理成書流通，以利諸方大師及諸學人。全書共六輯，每輯三百餘頁，售價各250元。

真假外道：本書具體舉證佛門中的常見外道知見實例，並加以教證及理證上的辨正，幫助讀者輕鬆而快速的了知常見外道的錯誤知見，進而遠離佛門內外的常見外道知見，因此即能改正修學方向而快速實證佛法。游正光老師著 。成本價200元。

勝鬘經講記：如來藏爲三乘菩提之所依，若離如來藏心體及其含藏之一切種子，即無三界有情及一切世間法，亦無二乘菩提緣起性空之出世間法；本經詳說無始無明、一念無明皆依如來藏而有之正理，藉著詳解煩惱障與所知障間之關係，令學人深入了知二乘菩提與佛菩提相異之妙理；聞後即可了知佛菩提之特勝處及三乘修道之方向與原理，邁向攝受正法而速成佛道的境界中。平實導師講述，共六輯，每輯三百餘頁，售價各250元。

楞嚴經講記：楞嚴經係密教部之重要經典，亦是顯教中普受重視之經典；經中宣說明心與見性之內涵極爲詳細，將一切法都會歸如來藏及佛性—妙眞如性；亦闡釋佛菩提道修學過程中之種種魔境，以及外道誤會涅槃之狀況，旁及三界世間之起源。然因言句深澀難解，法義亦復深妙寬廣，學人讀之普難通達，是故讀者大多誤會，不能如實理解佛所說之明心與見性內涵，亦因是故多有悟錯之人引爲開悟之證言，成就大妄語罪。今由平實導師詳細講解之後，整理成文，以易讀易懂之語體文刊行天下，以利學人。全書十五輯，全部出版完畢。每輯三百餘頁，售價每輯300元。

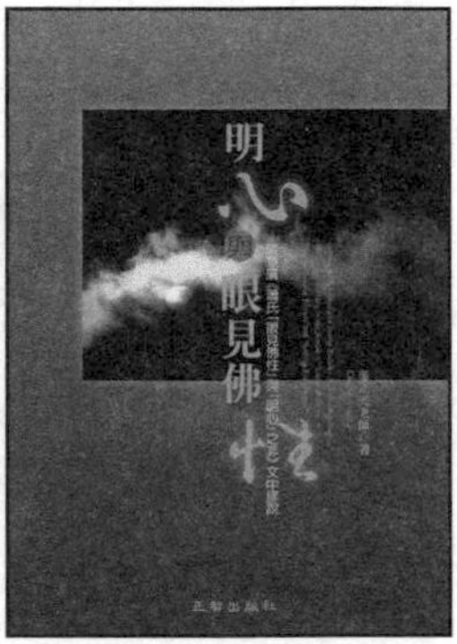

明心與眼見佛性：本書細述明心與眼見佛性之異同，同時顯示了中國禪宗破初參明心與重關眼見佛性二關之間的關聯；書中又藉法義辨正而旁述其他許多勝妙法義，讀後必能遠離佛門長久以來積非成是的錯誤知見，令讀者在佛法的實證上有極大助益。也藉慧廣法師的謬論來教導佛門學人回歸正知正見，遠離古今禪門錯悟者所墮的意識境界，非唯有助於斷我見，也對未來的開悟明心實證第八識如來藏有所助益，是故學禪者都應細讀之。游正光老師著　共448頁　售價300元。

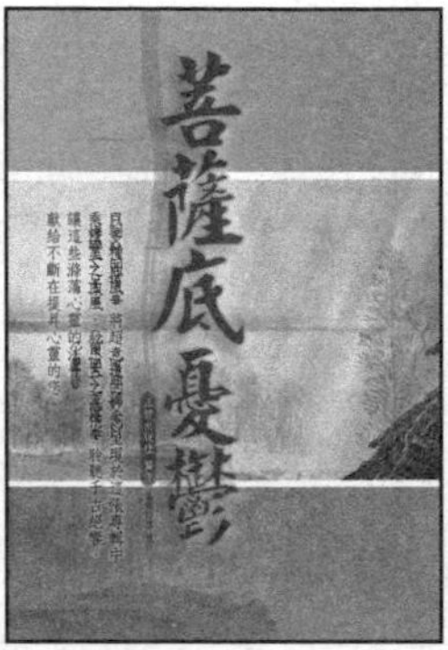

菩薩底憂鬱CD：將菩薩情懷及禪宗公案寫成新詞，並製作成超越意境的優美歌曲。1.主題曲〈菩薩底憂鬱〉，描述地後菩薩能離三界生死而迴向繼續生在人間，但因尚未斷盡習氣種子而有極深沈之憂鬱，非三賢位菩薩及二乘聖者所知，此憂鬱在七地滿心位方才斷盡；本曲之詞中所說義理極深，昔來所未曾見；此曲係以優美的情歌風格寫詞及作曲，聞者得以激發嚮往諸地菩薩境界之大心，詞、曲都非常優美，難得一見；其中勝妙義理之解說，已印在附贈之彩色小冊中。2.以各輯公案拈提中直示禪門入處之頌文，作成各種不同曲風之超意境歌曲，值得玩味、參究；聆聽公案拈提之優美歌曲時，請同時閱讀內附之印刷精美說明小冊，可以領會超越三界的證悟境界；未悟者可以因此引發求悟之意向及疑情，眞發菩提心而邁向求悟之途，乃至因此眞實悟入般若，成眞菩薩。3.正覺總持咒新曲，總持佛法大意；總持咒之義理，已加以解說並印在隨附之小冊中。本CD共有十首歌曲，長達63分鐘，附贈二張購書優惠券。每片280元。

禪意無限CD：平實導師以公案拈提書中偈頌寫成不同風格曲子，與他人所寫不同風格曲子共同錄製出版，幫助參禪人進入禪門超越意識之境界。盒中附贈彩色印製的精美解說小冊，以供聆聽時閱讀，令參禪人得以發起參禪之疑情，即有機會證悟本來面目，實證大乘菩提般若。本CD共有十首歌曲，長達69分鐘，每盒各附贈二張購書優惠券。每片280元。

金剛經宗通：三界唯心，萬法唯識，是成佛之修證內容，是諸地菩薩之所修；般若則是成佛之道（實證三界唯心、萬法唯識）的入門，若未證悟實相般若，即無成佛之可能，必將永在外門廣行菩薩六度，永在凡夫位中。然而實相般若的發起，全賴實證萬法的實相；若欲證知萬法的眞相，則必須探究萬法之所從來，則須實證自心如來—金剛心如來藏，然後現觀這個金剛心的金剛性、眞實性、如如性、清淨性、涅槃性、能生萬法的自性性、本住性，名爲證眞如；進而現觀三界六道唯是此金剛心所成，人間萬法須藉八識心王和合運作方能現起。如是實證《華嚴經》的「三界唯心、萬法唯識」以後，由此等現觀而發起實相般若智慧，繼續進修第十住位的如幻觀、第十行位的陽焰觀、第十迴向位的如夢觀，再生起增上意樂而勇發十無盡願，方能滿足三賢位的實證，轉入初地；自知成佛之道而無偏倚，從此按部就班、次第進修乃至成佛。第八識自心如來是般若智慧之所依，般若智慧的修證則要從實證金剛心自心如來開始；《金剛經》則是解說自心如來之經典，是一切三賢位菩薩所應進修之實相般若經典。這一套書，是將平實導師宣講的《金剛經宗通》內容，整理成文字而流通之；書中所說義理，迥異古今諸家依文解義之說，指出大乘見道方向與理路，有益於禪宗學人求開悟見道，及轉入內門廣修六度萬行。講述完畢後結集出版，總共9輯，每輯約三百餘頁，售價各250元。

空行母—性別、身分定位，以及藏傳佛教：本書作者爲蘇格蘭哲學家，因爲嚮往佛教深妙的哲學內涵，於是進入當年盛行於歐美的假藏傳佛教密宗，擔任卡盧仁波切的翻譯工作多年以後，被邀請成爲卡盧的空行母（又名佛母、明妃），開始了她在密宗裡的實修過程；後來發覺在密宗雙身法中的修行，其實無法使自己成佛，也發覺密宗對女性岐視而處處貶抑，並剝奪女性在雙身法中擔任一半角色時應有的身分定位。當她發覺自己只是雙身法中被喇嘛利用的工具，沒有獲得絲毫應有的尊重與基本定位時，發現了密宗的父權社會控制女性的本質；於是作者傷心地離開了卡盧仁波切與密宗，但是卻被恐嚇不許講出她在密宗裡的經歷，也不許她說出自己對密宗的教義與教制下對女性剝削的本質，否則將被咒殺死亡。後來她去加拿大定居，十餘年後方才擺脫這個恐嚇陰影，下定決心將親身經歷的實情及觀察到的事實寫下來並且出版，公諸於世。出版之後，她被流亡的達賴集團人士大力攻訐，誣指她爲精神狀態失常、說謊……等。但有智之士並未被達賴集團的政治操作及各國政府政治運作吹捧達賴的表相所欺，使她的書銷售無阻而又再版。正智出版社鑑於作者此書是親身經歷的事實，所說具有針對「藏傳佛教」而作學術研究的價值，也有使人認清假藏傳佛教剝削佛母、明妃的男性本位實質，因此洽請作者同意中譯而出版於華人地區。珍妮·坎貝爾女士著，呂艾倫 中譯，每冊250元。

霧峰無霧—給哥哥的信 本書作者藉兄弟之間信件往來論義，略述佛法大義；並以多篇短文辨義，舉出釋印順對佛法的無量誤解證據，並一一給予簡單而清晰的辨正，令人一讀即知。久讀、多讀之後即能認清楚釋印順的六識論見解，與眞實佛法之牴觸是多麼嚴重；於是在久讀、多讀之後，於不知不覺之間提升了對佛法的極深入理解，正知正見就在不知不覺間建立起來了。當三乘佛法的正知見建立起來之後，對於三乘菩提的見道條件便將隨之具足，於是聲聞解脫道的見道也就水到渠成；接著大乘見道的因緣也將次第成熟，未來自然也會有親見大乘菩提之道的因緣，悟入大乘實相般若也將自然成功，自能通達般若系列諸經而成實義菩薩。作者居住於南投縣霧峰鄉，自喻見道之後不復再見霧峰之霧，故鄉原野美景一一明見，於是立此書名爲《霧峰無霧》；讀者若欲撥霧見月，可以此書爲緣。游宗明 老師著 售價250元。

假藏傳佛教的神話—性、謊言、喇嘛教：本書編著者是由一首名叫「阿姊鼓」的歌曲爲緣起，展開了序幕，揭開假藏傳佛教—喇嘛教—的神秘面紗。其重點是蒐集、摘錄網路上質疑「喇嘛教」的帖子，以揭穿「假藏傳佛教的神話」爲主題，串聯成書，並附加彩色插圖以及說明，讓讀者們瞭解西藏密宗及相關人事如何被操作爲「神話」的過程，以及神話背後的眞相。作者：張正玄教授。售價200元。

達賴眞面目—玩盡天下女人：假使您不想戴綠帽子，請記得詳細閱讀此書；假使您不想讓好朋友戴綠帽子，請您將此書介紹給您的好朋友。假使您想保護家中的女性，也想要保護好朋友的女眷，請記得將此書送給家中的女性和好友的女眷都來閱讀。本書爲印刷精美的大本彩色中英對照精裝本，爲您揭開達賴喇嘛的眞面目，內容精彩不容錯過，爲利益社會大眾，特別以優惠價格嘉惠所有讀者。編著者：白志偉等。大開版雪銅紙彩色精裝本。售價800元。

童女迦葉考—論呂凱文〈佛教輪迴思想的論述分析〉之謬：童女迦葉是佛世率領五百大比丘遊行於人間的歷史事實，是以童貞行而依止菩薩戒弘化於人間的大菩薩，不依別解脫戒（聲聞戒）來弘化於人間。這是大乘佛教與聲聞佛教同時存在於佛世的歷史明證，證明大乘佛教不是從聲聞法中分裂出來的部派佛教的產物，卻是聲聞佛教分裂出來的部派佛教聲聞凡夫僧所不樂見的史實；於是古今聲聞法中的凡夫都欲加以扭曲而作詭說，更是末法時代高聲大呼「大乘非佛說」的六識論聲聞凡夫極力想要扭曲的佛教史實之一，於是想方設法扭曲迦葉菩薩爲聲聞僧，以及扭曲迦葉童女爲比丘僧等荒謬不實之論著便陸續出現，古時聲聞僧寫作的《分別功德論》是最具體之事例，現代之代表作則是呂凱文先生的〈佛教輪迴思想的論述分析〉論文。鑑於如是假藉學術考證以籠罩大眾之不實謬論，未來仍將繼續造作及流竄於佛教界，繼續扼殺大乘佛教學人法身慧命，必須舉證辨正之，遂成此書。平實導師 著，每冊180元。

末代達賴—性交教主的悲歌：簡介從藏傳僞佛教（喇嘛教）的修行核心—性力派男女雙修，探討達賴喇嘛及藏傳僞佛教的修行內涵。書中引用外國知名學者著作、世界各地新聞報導，包含：歷代達賴喇嘛的祕史、達賴六世修雙身法的事蹟，以及《時輪續》中的性交灌頂儀式……等；達賴喇嘛書中開示的雙修法、達賴喇嘛的黑暗政治手段；達賴喇嘛所領導的寺院爆發喇嘛性侵兒童；新聞報導《西藏生死書》作者索甲仁波切性侵女信徒、澳洲喇嘛秋達公開道歉、美國最大假藏傳佛教組織領導人邱陽創巴仁波切的性氾濫，等等事件背後眞相的揭露。作者：張善思、呂艾倫、辛燕。售價250元。

黯淡的達賴—失去光彩的諾貝爾和平獎：本書舉出很多證據與論述，詳述達賴喇嘛不為世人所知的一面，顯示達賴喇嘛並不是真正的和平使者，而是假借諾貝爾和平獎的光環來欺騙世人；透過本書的說明與舉證，讀者可以更清楚的瞭解，達賴喇嘛是結合暴力、黑暗、淫欲於喇嘛教裡的集團首領，其政治行為與宗教主張，早已讓諾貝爾和平獎的光環染污了。 本書由財團法人正覺教育基金會寫作、編輯，由正覺出版社印行，每冊250元。

第七意識與第八意識？—穿越時空「超意識」：「三界唯心，萬法唯識」是佛教中應該實證的聖教，也是《華嚴經》中明載而可以實證的法界實相。唯心者，三界一切境界、一切諸法唯是一心所成就，即是每一個有情的第八識如來藏，不是意識心。唯識者，即是人類各各都具足的八識心王——眼識、耳鼻舌身意識、意根、阿賴耶識，第八阿賴耶識又名如來藏，人類五陰相應的萬法，莫不由八識心王共同運作而成就，故說萬法唯識。依聖教量及現量、比量，都可以證明意識是二法因緣生，是由第八識藉意根與法塵二法為因緣而出生，又是夜夜斷滅不存之生滅心，即無可能反過來出生第七識意根、第八識如來藏，當知不可能從生滅性的意識心中，細分出恆審思量的第七識意根，更無可能細分出恆而不審的第八識如來藏。本書是將演講內容整理成文字，細說如是內容，並已在《正覺電子報》連載完畢，今彙集成書以廣流通，欲幫助佛門有緣人斷除意識我見，跳脫於識陰之外而取證聲聞初果；嗣後修學禪宗時即得不墮外道神我之中，得以求證第八識金剛心而發起般若實智。平實導師 述，每冊300元。

中觀金鑑—詳述應成派中觀的起源與其破法本質：學佛人往往迷於中觀學派之不同學說，被應成派與自續派所迷惑；修學般若中觀二十年後自以為實證般若中觀了，卻仍不曾入門，甫聞實證般若中觀者之所說，則茫無所知，迷惑不解；隨後信心盡失，不知如何實證佛法；凡此，皆因惑於這二派中觀學說所致。自續派中觀所說同於常見，以意識境界立為第八識如來藏之境界，應成派所說則同於斷見，但又同立意識為常住法，故亦具足斷常二見。今者孫正德老師有鑑於此，乃將起源於密宗的應成派中觀學說，追本溯源，詳考其來源之外，亦一一舉證其立論內容，詳加辨正，令密宗雙身法祖師以識陰境界而造之應成派中觀學說本質，詳細呈現於學人眼前，令其維護雙身法之目的無所遁形。若欲遠離密宗此二大派中觀謬說，欲於三乘菩提有所進道者，允宜具足閱讀並細加思惟，反覆讀之以後將可捨棄邪道返歸正道，則於般若之實證即有可能，證後自能現觀如來藏之中道境界而成就中觀。本書分上、中、下三冊，每冊250元，全部出版完畢。

人間佛教—實證者必定不悖三乘菩提：「大乘非佛說」的講法似乎流傳已久，卻只是日本人企圖擺脫中國正統佛教的影響，而在明治維新時期才開始提出來的說法；台灣佛教、大陸佛教的淺學無智之人，由於未曾實證佛法而迷信日本人錯誤的學術考證，錯認爲這些別有用心的日本佛學考證的講法爲天竺佛教的眞實歷史；甚至還有更激進的反對佛教者提出「釋迦牟尼佛並非眞實存在，只是後人捏造的假歷史人物」，竟然也有少數人願意跟著「學術」的假光環而信受不疑，於是開始有一些佛教界人士造作了反對中國佛教而推崇南洋小乘佛教的行爲，使佛教的信仰者難以檢擇，導致一般大陸人士開始轉入基督教的盲目迷信中。在這些佛教及外教人士之中，也就有一分人根據此邪說而大聲主張「大乘非佛說」的謬論，這些人以「人間佛教」的名義來抵制中國正統佛教，公然宣稱中國的大乘佛教是由聲聞部派佛教的凡夫僧所創造出來的。這樣的說法流傳於台灣及大陸佛教界凡夫僧之中已久，卻非眞正的佛教歷史中曾經發生過的事，只是繼承六識論的聲聞法中凡夫僧依自己的意識境界立場，純憑臆想而編造出來的妄想說法，卻已經影響許多無智之凡夫僧俗信受不移。本書則是從佛教的經藏法義實質及實證的現量內涵本質立論，證明大乘佛法本是佛說，是從《阿含正義》尚未說過的不同面向來討論「人間佛教」的議題，證明「大乘眞佛說」。閱讀本書可以斷除六識論邪見，迴入三乘菩提正道發起實證的因緣；也能斷除禪宗學人學禪時普遍存在之錯誤知見，對於建立參禪時的正知見有很深的著墨。平實導師　述，內文488頁，全書528頁，定價400元。

喇嘛性世界—揭開假藏傳佛教譚崔瑜伽的面紗：這個世界中的喇嘛，號稱來自世外桃源的香格里拉，穿著或紅或黃的喇嘛長袍，散布於我們的身邊傳教灌頂，吸引了無數的人嚮往學習；這些喇嘛虔誠地爲大衆祈福，手中拿著寶杵（金剛）與寶鈴（蓮花），口中唸著咒語：「唵．嘛呢．叭咪．吽……」，咒語的意思是說：「我至誠歸命金剛杵上的寶珠伸向蓮花寶穴之中」！「喇嘛性世界」是什麼樣的「世界」呢？本書將爲您呈現喇嘛世界的面貌。當您發現眞相以後，您將會唸：「噢！喇嘛．性．世界，譚崔性交嘛！」作者：張善思、呂艾倫。售價200元。

見性與看話頭：黃正倖老師的《見性與看話頭》於《正覺電子報》連載完畢，今結集出版。書中詳說禪宗看話頭的詳細方法，並細說看話頭與眼見佛性的關係，以及眼見佛性者求見佛性前必須具備的條件。本書是禪宗實修者追求明心開悟時參禪的方法書，也是求見佛性者作功夫時必讀的方法書，內容兼顧眼見佛性的理論與實修之方法，是依實修之體驗配合理論而詳述，條理分明而且極爲詳實、周全、深入。本書內文375頁，全書416頁，售價300元。

實相經宗通：學佛之目的在於實證一切法界背後之實相，禪宗稱之爲本來面目或本地風光，佛菩提道中稱之爲實相法界；此實相法界即是金剛藏，又名佛法之祕密藏，即是能生有情五陰、十八界及宇宙萬有（山河大地、諸天、三惡道世間）的第八識如來藏，又名阿賴耶識心，即是禪宗祖師所說的眞如心，此心即是三界萬有背後的實相。證得此第八識心時，自能瞭解般若諸經中隱說的種種密意，即得發起實相般若——實相智慧。每見學佛人修學佛法二十年後仍對實相般若茫然無知，亦不知如何入門，茫無所趣；更因不知三乘菩提的互異互同，是故越是久學者對佛法越覺茫然，都肇因於尚未瞭解佛法的全貌，亦未瞭解佛法的修證內容即是第八識心所致。本書對於修學佛法者所應實證的實相境界提出明確解析，並提示趣入佛菩提道的入手處，有心親證實相般若的佛法實修者，宜詳讀之，於佛菩提道之實證即有下手處。平實導師述著，共八輯，已全部出版完畢，每輯成本價250元。

真心告訴您（一）——達賴喇嘛在幹什麼？這是一本報導篇章的選集，更是「破邪顯正」的暮鼓晨鐘。「破邪」是戳破假象，說明達賴喇嘛及其所率領的密宗四大派法王、喇嘛們，弘傳的佛法是仿冒的佛法；他們是假藏傳佛教，是坦特羅（譚崔性交）外道法和藏地崇奉鬼神的苯教混合成的「喇嘛教」，推廣的是以所謂「無上瑜伽」的男女雙身法冒充佛法的假佛教，詐財騙色誤導眾生，常常造成信徒家庭破碎、家中兒少失怙的嚴重後果。「顯正」是揭櫫眞相，指出眞正的藏傳佛教只有一個，就是覺囊巴，傳的是 釋迦牟尼佛演繹的第八識如來藏妙法，稱爲他空見大中觀。正覺教育基金會即以此古今輝映的如來藏正法正知見，在眞心新聞網中逐次報導出來，將箇中原委「眞心告訴您」，如今結集成書，與想要知道密宗眞相的您分享。售價250元。

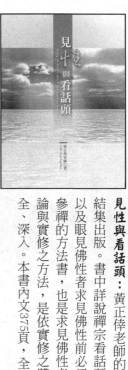

法華經講義：此書爲平實導師始從2009/7/21演述至2014/1/14之講經錄音整理所成。世尊一代時教，總分五時三教，即是華嚴時、聲聞緣覺教、般若教、種智唯識教、法華時；依此五時三教區分爲藏、通、別、圓四教。本經是最後一時的圓教經典，圓滿收攝一切法教於本經中，是故最後的圓教聖訓中，特地指出無有三乘菩提，其實唯有一佛乘；皆因眾生愚迷故，方便區分爲三乘菩提以助眾生證道。世尊於此經中特地說明如來示現於人間的唯一大事因緣，便是爲有緣眾生「開、示、悟、入」諸佛的所知所見——第八識如來藏妙眞如心，並於諸品中隱說「妙法蓮花」如來藏心的密意。然因此經所說甚深難解，眞義隱晦，古來難得有人能窺堂奧；平實導師以知如是密意故，特爲末法佛門四眾演述《妙法蓮華經》中各品蘊含之密意，使古來未曾被古德註解出來的「此經」密意，如實顯示於當代學人眼前。乃至〈藥王菩薩本事品〉、〈妙音菩薩品〉、〈觀世音菩薩普門品〉、〈普賢菩薩勸發品〉中的微細密意，亦皆一併詳述之，開前人所未曾言之密意，示前人所未見之妙法。最後乃至以〈法華大意〉而總其成，全經妙旨貫通始終，而依佛旨圓攝於一心如來藏妙心，厥爲曠古未有之大說也。平實導師述　已於2015/5/31起開始出版，每二個月出版一輯，共25輯。每輯300元。

西藏「活佛轉世」制度—附佛、造神、世俗法：歷來關於喇嘛教活佛轉世的研究，多針對歷史及文化兩部分，於其所以成立的理論基礎，較少系統化的探討。尤其是此制度是否依據「佛法」而施設？是否合乎佛法眞實義？現有的文獻大多含糊其詞，或人云亦云，不曾有明確的闡釋與如實的見解。因此本文先從活佛轉世的由來，探索此制度的起源、背景與功能，並進而從活佛的尋訪與認證之過程，發掘活佛轉世的特徵，以確認「活佛轉世」在佛法中應具足何種果德。定價150元。

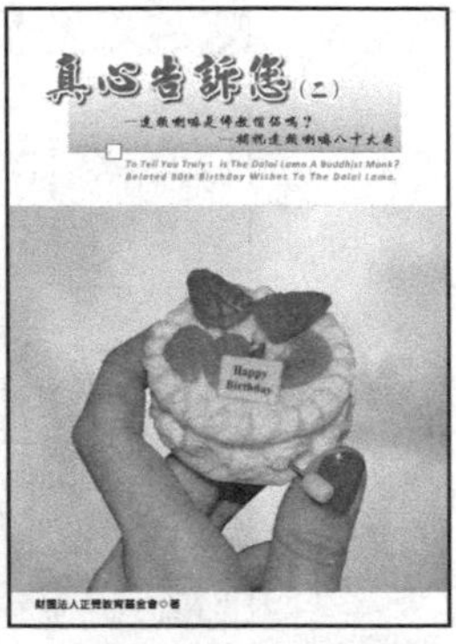

真心告訴您(二)—達賴喇嘛是佛教僧侶嗎？補祝達賴喇嘛八十大壽：這是一本針對當今達賴喇嘛所領導的喇嘛教，冒用佛教名相、於師徒間或師兄姊間，實修男女邪淫，而從佛法三乘菩提的現量與聖教量，揭發其謊言與邪術，證明達賴及其喇嘛教是仿冒佛教的外道，是「假藏傳佛教」。藏密四大派教義雖有「八識論」與「六識論」的表面差異，然其實修之內容，皆共許「無上瑜伽」四部灌頂爲究竟「成佛」之法門，也就是共以男女雙修之邪淫法爲「即身成佛」之密要，雖美其名曰「欲貪爲道」之「金剛乘」，並誇稱其成就超越於（應身佛）釋迦牟尼佛所傳之顯教般若乘之上；然詳考其理論，則或以意識離念時之粗細心爲第八識如來藏，或以中脈裡的明點爲第八識如來藏，或如宗喀巴與達賴堅決主張第六意識爲常恆不變之眞心者，分別墮於外道之常見與斷見中；全然違背 佛說能生五蘊之如來藏的實質。售價300元。

涅槃：眞正學佛之人，首要即是見道，由見道故方有涅槃之實證，證涅槃者方能出生死，但涅槃有四種：二乘聖者的有餘涅槃、無餘涅槃，以及大乘聖者的本來自性清淨涅槃、佛地的無住處涅槃。大乘聖者實證本來自性清淨涅槃，入地前再取證二乘涅槃，然後起惑潤生捨離二乘涅槃，繼續進修而在七地心前斷盡三界愛之習氣種子，依七地無生法忍之具足而證得念念入滅盡定；八地後進斷異熟生死，直至妙覺地下生人間成佛，具足四種涅槃，方是眞正成佛。此理古來少人言，以致誤會涅槃正理者比比皆是，今於此書中廣說四種涅槃、如何實證之理、實證前應有之條件，實屬本世紀佛教界極重要之著作，令人對涅槃有正確無訛之認識，然後可以依之實行而得實證。本書共有上下二冊，每冊各四百餘頁，對涅槃詳加解說，每冊各350元。預定2018/9出版上冊，2018/11出版下冊。

修習止觀坐禪法要講記：修學四禪八定之人，往往錯會禪定之修學知見，欲以無止盡之坐禪而證禪定境界，卻不知修除性障之行門才是修證四禪八定不可或缺之要素，故智者大師云「性障初禪」；性障不除，初禪永不現前，云何修證二禪等？又：行者學定，若唯知數息，而不解六妙門之方便善巧者，欲求一心入定，未到地定極難可得，智者大師名之爲「事障未來」：障礙未到地定之修證。又禪定之修證，不可違背二乘菩提及第一義法，否則縱使具足四禪八定，亦不能實證涅槃而出三界。此諸知見，智者大師於《修習止觀坐禪法要》中皆有闡釋。作者平實導師以其第一義之見地及禪定之實證證量，曾加以詳細解析。將俟正覺寺竣工啓用後重講，不限制聽講者資格；講後將以語體文整理出版。欲修習世間定及增上定之學者，宜細讀之。平實導師述著。

解深密經講記：本經係 世尊晚年第三轉法輪，宣說地上菩薩所應熏修之唯識正義經典，經中所說義理乃是大乘一切種智增上慧學，以阿陀那識—如來藏—阿賴耶識爲主體。禪宗之證悟者，若欲修證初地無生法忍乃至八地無生法忍者，必須修學《楞伽經、解深密經》所說之八識心王一切種智；此二經所說正法，方是眞正成佛之道；印順法師否定第八識如來藏之後所說萬法緣起性空之法，是以誤會後之二乘解脫道取代大乘眞正成佛之道，尙且不符二乘解脫道正理，亦已墮於斷滅見中，不可謂爲成佛之道也。平實導師曾於本會郭故理事長往生時，於喪宅中從首七開始宣講，於每一七各宣講三小時，至第十七而快速略講圓滿，作爲郭老之往生佛事功德，迴向郭老早證八地、速返娑婆住持正法。茲爲今時後世學人故，將擇期重講《解深密經》，以淺顯之語句講畢後，將會整理成文，用供證悟者進道；亦令諸方未悟者，據此經中佛語正義，修正邪見，依之速能入道。平實導師述著，全書輯數未定，每輯三百餘頁，將於未來重講完畢後逐輯出版。

阿含經講記—小乘解脫道之修證：數百年來，南傳佛法所說證果之不實，所說解脫道之虛妄，所弘解脫道法義之世俗化，皆已少人知之；從南洋傳入台灣與大陸之後，所說法義虛謬之事，亦復少人知之；今時台灣全島印順系統之法師居士，多不知南傳佛法數百年來所說解脫道之義理已然偏斜、已然世俗化、已非眞正之二乘解脫正道，猶極力推崇與弘揚。彼等南傳佛法近代所謂之證果者多非眞實證果者，譬如阿迦曼、葛印卡、帕奧禪師、一行禪師……等人，悉皆未斷我見故。近年更有台灣南部大願法師，高抬南傳佛法之二乘修證行門爲「捷徑究竟解脫之道」者，然而南傳佛法縱使眞修實證，得成阿羅漢，至高唯是二乘菩提解脫之道，絕非究竟解脫，無餘涅槃中之實際尚未得證故，法界之實相尚未了知故，習氣種子待除故，一切種智未實證故，焉得謂爲「究竟解脫」？即使南傳佛法近代眞有實證之阿羅漢，尚且不及三賢位中之七住明心菩薩本來自性清淨涅槃智慧境界，則不能知此賢位菩薩所證之無餘涅槃實際，仍非大乘佛法中之見道者，何況普未實證聲聞果乃至未斷我見之人？謬充證果已屬逾越，更何況是誤會二乘菩提之後，以未斷我見之凡夫知見所說之二乘菩提解脫偏斜法道，焉可高抬爲「究竟解脫」？而且自稱「捷徑之道」？又妄言解脫之道即是成佛之道，完全否定般若實智、否定三乘菩提所依之如來藏心體，此理大大不通也！平實導師爲令修學二乘菩提欲證解脫果者，普得迴入二乘菩提正見、正道中，是故選錄四阿含諸經中，對於二乘解脫道法義有具足圓滿說明之經典，預定未來十年內將會加以詳細講解，令學佛人得以了知二乘解脫道之修證理路與行門，庶免被人誤導之後，未證言證，干犯道禁，成大妄語，欲升反墮。本書首重斷除我見，以助行者斷除我見而實證初果爲著眼之目標，若能根據此書內容，配合平實導師所著《識蘊眞義》《阿含正義》內涵而作實地觀行，實證初果非爲難事，行者可以藉此三書自行確認聲聞初果爲實際可得現觀成就之事。此書中除依二乘經典所說加以宣示外，亦依斷除我見等之證量，及大乘法中道種智之證量，對於意識心之體性加以細述，令諸二乘學人必定得斷我見、常見，免除三縛結之繫縛。次則宣示斷除我執之理，欲令升進而得薄貪瞋痴，乃至斷五下分結…等。平實導師述，共二冊，每冊三百餘頁。每輯300元。

＊喇嘛教修外道雙身法，墮識陰境界，非佛教＊

＊弘揚如來藏他空見的覺囊派才是眞正藏傳佛教＊

總經銷： 飛鴻 國際行銷股份有限公司
231 新北市新店市中正路 501 之 9 號 2 樓
Tel.02－82186688（五線代表號） Fax.02-82186458、82186459

零售：1.**全台連鎖經銷書局：**
三民書局、誠品書局、何嘉仁書店
敦煌書店、紀伊國屋、金石堂書局、建宏書局
諾貝爾圖書城、墊腳石圖書文化廣場

2.**台北市：**佛化人生 **大安區**羅斯福路 3 段 325 號 6 樓之 4　台電大樓對面
3.**新北市：**春大地書店 **蘆洲區**中正路 117 號
4.**桃園市：**御書堂 **龍潭區**中正路 123 號
5.**新竹市：**大學書局 **東區**建功路 10 號
6.**台中市：**瑞成書局 **東區**雙十路 1 段 4 之 33 號
佛教詠春書局 **南屯區**永春東路 884 號
文春書店 **霧峰區**中正路 1087 號
7.**彰化市：**心泉佛教文化中心 南瑤路 286 號
8.**高雄市：**政大書城 **苓雅區**光華路 148-83 號
明儀書局 **三民區**明福街 2 號\
青年書局 **苓雅區**青年一路 141 號
9.**宜蘭市：**金隆書局　中山路 3 段 43 號
10.**台東市：**東普佛教文物流通處 博愛路 282 號
11.**其餘鄉鎮市經銷書局：**請電詢總經銷**飛鴻**公司。
12.**大陸地區請洽：**
香港：樂文書店
旺角店 :香港九龍旺角西洋菜街 62 號 3 樓
電話 : (852) 2390 3723　email: luckwinbooks@gmail.com
銅鑼灣店 :香港銅鑼灣駱克道 506 號 2 樓
電話 : (852) 2881 1150　email: luckwinbs@gmail.com
廈門：廈門外圖臺灣書店有限公司
地址：廈門市思明區湖濱南路809 號 廈門外圖書城3 樓 郵編：361004
電話：0592-5061658（臺灣地區請撥打 86-592-5061658）
E-mail：JKB118＠188.COM
13.**美國：世界日報圖書部：**紐約圖書部　電話 7187468889#6262
洛杉磯圖書部　電話 3232616972#202
14.**國內外地區網路購書：**
正智出版社 書香園地　http://books.enlighten.org.tw/
（書籍簡介、經銷書局可直接聯結下列網路書局購書）
三民 網路書局　http://www.sanmin.com.tw
誠品 網路書局　http://www.eslitebooks.com

博客來 網路書局 http://www.books.com.tw
金石堂 網路書局 http://www.kingstone.com.tw
飛鴻 網路書局 http://fh6688.com.tw

附註：1.請儘量向各經銷書局購買：郵政劃撥需要八天才能寄到（本公司在您劃撥後第四天才能接到劃撥單，次日寄出後第二天您才能收到書籍，此六天中可能會遇到週休二日，是故共需八天才能收到書籍）若想要早日收到書籍者，請劃撥完畢後，將劃撥收據貼在紙上，旁邊寫上您的姓名、住址、郵區、電話、買書詳細內容，直接傳眞到本公司 02-28344822，並來電 02-28316727、28327495 確認是否已收到您的傳眞，即可提前收到書籍。 2.因台灣每月皆有五十餘種宗教類書籍上架，書局書架空間有限，故唯有新書方有機會上架，通常每次只能有一本新書上架；本公司出版新書，大多上架不久便已售出，若書局未再叫貨補充者，書架上即無新書陳列，則請直接向書局櫃台訂購。 3.若書局不便代購時，可於晚上共修時間向正覺同修會各共修處請購（共修時間及地點，詳閱**共修現況表**。每年例行年假期間請勿前往請書，年假期間請見共修現況表）。 4.郵購：郵政劃撥帳號 19068241。 5.正覺同修會會員購書都以八折計價（戶籍台北市者爲一般會員，外縣市爲護持會員）都可獲得優待，欲一次購買全部書籍者，可以考慮入會，節省書費。入會費一千元（第一年初加入時才需要繳），年費二千元。**6.尚未出版之書籍，請勿預先郵寄書款與本公司，謝謝您！** 7.若欲一次購齊本公司書籍，或同時取得正覺同修會贈閱之全部書籍者，請於正覺同修會共修時間，親到各共修處請購及索取；**台北市讀者**請洽：103 台北市承德路三段 267 號 10 樓（捷運淡水線 圓山站旁）請書時間：週一至週五爲 18.00~21.00，第一、三、五週週六爲 10.00~21.00，雙週之週六爲 10.00~18.00 請購處專線電話：25957295-分機 14（於請書時間方有人接聽）。

敬告大陸讀者：

大陸讀者購書、索書捷徑（尚未在大陸出版的書籍，以下二個途徑都可以購得，電子書另包括結緣書籍）：

1.廈門外國圖書公司：廈門市思明區湖濱南路 809 號 廈門外圖書城 3F
郵編：361004 電話：0592-5061658 網址：http://www.xibc.com.cn/

2.電子書：正智出版社有限公司及正覺同修會在台灣印行的各種局版書、結緣書，已有『**正覺電子書**』陸續上線中，提供讀者於手機、平板電腦上購書、下載、閱讀正智出版社、正覺同修會及正覺教育基金會所出版之電子書，詳細訊息敬請參閱『正覺電子書』專頁：http://books.enlighten.org.tw/ebook

關於平實導師的書訊，請上網查閱：
成佛之道 http://www.a202.idv.tw
正智出版社 書香園地 http://books.enlighten.org.tw/

中國網採訪佛教正覺同修會、正覺教育基金會訊息：

http://big5.china.com.cn/gate/big5/fangtan.china.com.cn/2014-06/19/content_32714638.htm

http://pinpai.china.com.cn/

★ 正智出版社有限公司售書之稅後盈餘，全部捐助財團法人正覺寺籌備處、佛教正覺同修會、正覺教育基金會，供作弘法及購建道場之用；懇請諸方大德支持，功德無量。

★ 聲 明 ★

本社於 2015/01/01 開始調整本目錄中部分書籍之售價，以因應各項成本的持續增加。

＊ 喇嘛教修外道雙身法、墮識陰境界，非佛教 ＊

＊ 弘揚如來藏他空見的覺囊派才是真正藏傳佛教 ＊

國家圖書館出版品預行編目資料

眞實如來藏／平實導師著--再版--台北市
：正智，2000【民89】
面；　公分
ISBN 957-97840-3-5（平裝）

1.法相宗－宗義　2.佛教－哲學，原理

226.21　89003311

《眞實如來藏》

作　者：平實導師
校　對：張正圜　許大至　等
出版者：正智出版社有限公司
電話：○二 28327495　28316727（白天）
傳眞：○二 28344822
通訊地址：111 台北郵政 73-151 號信箱
郵政劃撥帳號：一九○六八二四一
正覺講堂：總機○二 25957295（夜間）
總經銷：飛鴻國際行銷股份有限公司
231 新北市新店區中正路 501-9 號 2 樓
電話：○二 82186688（五線代表號）
傳眞：○二 82186458　82186459
初　版：公元一九九七年十二月　二千冊
改版十一刷：公元二○一八年六月　二千冊
定　價：四○○元

《有著作權　不許翻印》